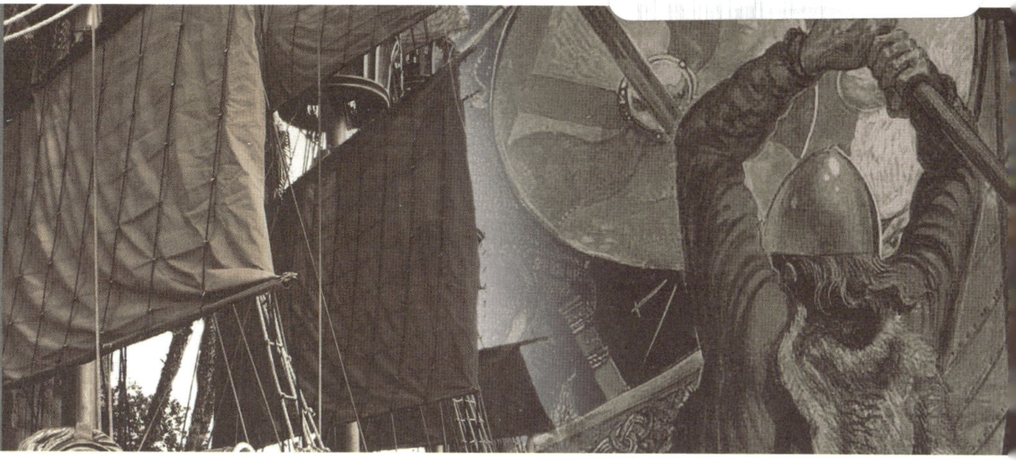

海洋传奇
HAIYANG CHUANQI

海　盗

主　编：陶红亮

编　委：郝言言　苏文涛　薛英祥　金彩红　唐文俊
王春晓　史　霞　马牧晨　邵　莹　李　青
赵　艳　唐正兵　张绿竹　赵焕霞　王　璇
李　伟　谭英锡　刘　毅　刘新建　赖吉平

海洋出版社

2025年·北京

图书在版编目(CIP)数据

海盗/陶红亮主编.—北京：海洋出版社，2017.2（2025年1月重印）

（海洋传奇）

ISBN 978-7-5027-9627-3

Ⅰ.①海… Ⅱ.①陶… Ⅲ.①海盗－历史－世界－通俗读物 Ⅳ.①D59-49

中国版本图书馆CIP数据核字（2016）第283993号

海洋传奇

海 盗

总 策 划：刘 斌	发 行 部：（010）62100090
责任编辑：刘 斌	总 编 室：（010）62100034
责任印制：安 淼	网 址：www.oceanpress.com.cn
整体设计：童 虎·设计室	承 印：侨友印刷（河北）有限公司
	版 次：2017年2月第1版
出版发行：海洋出版社	2025年1月第2次印刷
	开 本：787mm×1092mm 1/16
地 址：北京市海淀区大慧寺路8号	印 张：11.5
100081	字 数：276千字
经 销：新华书店	定 价：69.00元

本书如有印、装质量问题可与发行部调换

前　言

自从人类开始有了私有财产，社会的贫富差距越来越大，就有一部分人因为极度贫困而想方设法掠夺财富，依靠武力让自己变得富有。在这部分人中，就出现了这样一个群体，他们就是海上的恶魔——海盗，每当海盗出现，总会让沿路运输财产的人心生恐惧。当人们发现可以通过海路进行贸易的时候，就开启了航海时代；当一些人意识到能够对航海者进行劫掠的时候，就有了海盗。因此可以说，海盗和海上贸易是一对相伴相生的“孪生兄弟”，由此可见，用源远流长来形容海盗的历史，其实并不夸张。

海盗在历史上经历过几次辉煌，不过纵观整个海盗史，最灿烂的一页当属16世纪和17世纪，这个时期被称为“海盗的黄金时代”，而这个时代，又和一片炙手可热的海域有着千丝万缕的联系，这就是大名鼎鼎的加勒比海。

海盗是历史上甚至到今天都真实存在的一个“职业”，但它与我们所知的其他为了财富而劫掠的组织犯罪行为不同，当然也不是冒险家们为了荣耀、名誉或自由而做出的浪漫举动。确切地说，无论在哪个时期，海盗都是一种复杂的现象。

在所有现代社会定义的非法职业中，海盗大概是最矛盾的一个：既臭名昭著，又令人心生向往。早在18世纪，北欧海盗就驾驶着他们的龙头船开疆拓土，他们让整个欧洲海岸寝食难安，当地居民一听到他们的名字就会望风而逃；但是另一方面，海盗们也形成了自己的文化、历史、生活方式和生存法则，同时还在客观上为开辟商贸路线、促进各国交流做出了一定的贡献。

除了上述人尽皆知的事实之外，海盗还起到了其他一些容易被人们忽视的作用：他们给因受到歧视而被驱逐的人们提供了避难所和展现人生价值的机会；他们与大企业主合作，为这些商人们提供了许多有利可图的生意；难以置信的是，他们甚至还给一国的统治者们提供了征服世界的可能。

那么，真实的海盗是什么样子的呢？关于海盗的历史记载告诉我们，海盗和陆地上的劫匪一样，是野蛮、贪婪的暴徒，两者也同样是因为贫富悬殊和不公而走上了劫掠的道路；但是，海盗又拥有陆地劫匪所没有的航海者的特点，即自由、冒险、进取的精神。这种复杂的形象让人们对海盗既怕又爱。

因此，在小说或电影中，海盗往往被描述成亦正亦邪，甚至是完全正面的英雄人物，他们尽管野蛮、贪婪，却敢于为了自由反抗

压迫。而受到这些作品的影响，在大多数人的心目中，海盗有一种固定的或者说标志性的形象：戴着黑色眼罩的独眼龙、凶神恶煞的络腮胡，言语和举止都十分粗鲁，却又有一种中国古代侠客式的“大块吃肉、大口喝酒”的豪放不羁，他们热爱金钱和自由，是在大海上开疆拓土的勇者。这样的认知虽然并非完全错误，但总的来说，这是人们用浪漫的想象粉饰海盗的结果。

今天，海盗依然存在于世界舞台上，而本书将循着历史的脉络，引领读者走进浩瀚的大海，跟随海盗们一起扬帆起航，品尝海水的腥咸，聆听海盗的呼喊，一起去认识真实的海盗，探索那个只属于海盗的神秘世界。

目 录

Part 1

维京人在北欧地区劫掠的历史可以追溯到8世纪，他们的劫掠给各地带来了残酷的血腥与杀戮。当然，并不是所有人都愿意束手就擒，巴黎保卫战和阿尔弗雷德大帝领导英格兰人民誓死反抗就是最好的例子。但是，维京人也起到了一些积极的作用，他们不但发现了格陵兰岛和冰岛，促进了各个地区的交流，有的海盗还创建了自己的国家和王朝。

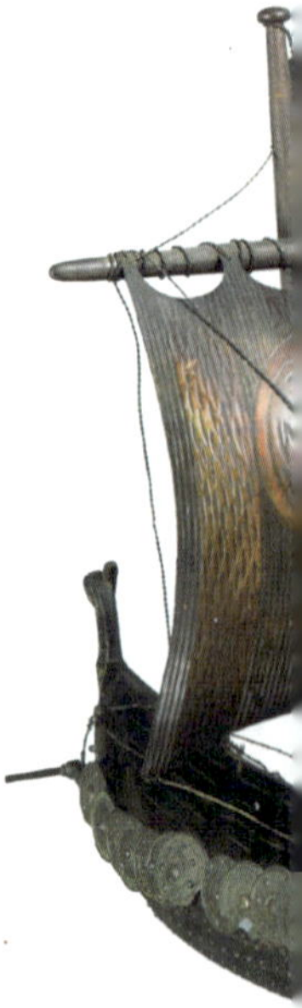

Part 2

挪威海盗属于维京海盗的一支，他们的海盗时代是从劫掠修道院开始的。在挪威历任国王中，有一位叫做哈拉尔德的，他有一头美丽的金发，大家称呼他为金发王，他通过战争统一了挪威地区。此后，挪威海盗加紧了对欧洲的侵略，势力也不断壮大，迫使欧洲沿岸的国家建立起汉萨同盟。在这段历史中，发生了许多惊心动魄的故事。

Part 3

说起阿拉伯海盗，许多人会产生疑问：阿拉伯也有海盗吗？但是，当提起巴巴罗萨兄弟的时候，你就不会感到陌生了。巴巴罗萨兄弟常年驰骋于地中海地区，劫掠过往船只，他们还建立了阿尔及利亚王国。在奥斯曼土耳其帝国的庇护下，他们更加肆无忌惮。他们能征善战，为自己积累了大量的财富，也有许多堪称传奇的故事。

Part 4

西班牙人开启了大航海时代，他们把美洲地区的黄金和其他物产运到本土。许多海盗为了快速实现自己的发财梦，纷纷聚集到加勒比海地区。也涌现了许多著名的海盗，比如亨利·摩根爵士、黑胡子爱德华·蒂奇，还有著名的女海盗邦尼和里德，以及被称为西班牙海盗女王的卡塔琳娜。他们的故事至今仍在世界各地流传。

Part 5

印度洋地区的海盗通常容易被忽略掉，但是，他们的粗暴、野蛮、贪婪，比起其他地区的海盗来，丝毫不落下风。但是在印度洋这片海域中，有一个海盗是特例，那就是米松，他试图在马达加斯加岛上建立一个自由王国，虽然失败了，但是仍旧被人们歌颂。印度洋上其他的一些海盗，也有一些可歌可泣的动人故事。

Part 6

生活在现代的人们，每每提到海盗的时候，首先会想到的便是索马里海盗，因为他们经常出现在新闻画面当中。这群海盗有自己的武装，常年在亚丁湾海域出没。他们喜欢绑架人质，然后进行勒索。在这一部分，我们将对索马里海盗进行更详细的介绍。让我们更加贴近他们的本来面目。

Part 7

本章讲述了世界上非常著名的几个海盗的故事。最极具诱惑的是利马宝藏，它是英国海盗乔治·安逊藏在鲁滨逊岛上的巨大宝藏。拉布斯留下天文似的藏宝图至今迷惑着人们。海盗学者威廉·丹彼尔虽是海盗却在地理自然科学上有巨大的成就，得到人们的尊敬，还有英国皇家贵族海盗德雷克环游世界的故事，他们传奇的人生充满魅力，令人向往。

Part 8

东方世界的海盗

前面讲述了许多西方世界赫赫有名的海盗，他们的故事扣人心弦。在遥远的东方世界，海盗们也书写着自己的传奇。我国最早的海盗是东晋末年的孙恩，明清时期的海盗活动最为猖獗，这个时期的著名海盗有陈祖义、徐海、蔡牵、张保仔等人。他们大多侠肝义胆，见义勇为，他们的故事至今仍然被人们口口相传。

Part 1

到处横行的北欧海盗

维京人在北欧地区劫掠的历史可以追溯到8世纪，他们的劫掠给各地带来了残酷的血腥与杀戮。当然，并不是所有人都愿意束手就擒，巴黎保卫战和阿尔弗雷德大帝领导英格兰人民誓死反抗就是最好的例子。但是，维京人也起到了一些积极的作用，他们不但发现了格陵兰岛和冰岛，促进了各个地区的交流，有的海盗还创建了自己的国家和王朝。

探索维京人的来历

2004 年 9 月的一天，丹麦把千年以前的海盗船复制出来了，并且打算驶向英伦三岛，这一新闻迅速引起了全世界人民的兴趣。报道称，这艘海盗船是丹麦的罗斯基勒海盗博物馆主持复制的，并且有重新演绎昔日北欧海盗驾船远航的历史的打算。

这艘复制船的原型建造于 1042 年，原本属于一个挪威海盗首领，也许是受到了攻击，于 1060 年左右沉没在了罗斯基勒峡湾，后被罗斯基勒海盗博物馆收藏。博物馆馆长介绍说，在 2000 年的时候，海盗船的复制工作就已经开始了。船身用 340 棵橡树打造而成，为了尽量还原海盗船真实的样子，他们手工编织了 120 平方米的亚麻船帆和 2000 米长的绳索，不仅如此，他们还复原了当时人们所使用的造船工具，并且按照当时的方法手工打造了 7000 颗铁钉。

2007 年，这艘备受瞩目的北欧海盗复制船从丹麦的罗斯基勒港口起航，跨越千年的“海盗之旅”就此拉开序幕，几周之后，它在爱尔兰结束了这趟旅程。当然，和千年前不同，船上的船员不再是凶神恶煞的维京海盗，航行的目的也并非掠夺财富，而是进行文化交流。

维京海盗船

那么，丹麦为什么要把这艘海盗复制船开往英国和爱尔兰，而不是其他的地方呢？原来，在 1000 多年前，北欧海盗们就已经开始在海上兴风作浪了。他们驾驶着自己制造的龙头船，每个人都装备着矛、剑、战斧等武器，攻势凶猛，在欧洲几乎所有地方都留下了足迹，而他们劫掠的主要目标之一，就是英国和爱尔兰。

北欧海盗是“海盗家族”中非常有名的一支，他们还有另一个更加响亮的名字——维京海盗。今天，居住在斯堪的纳维亚半岛和附近岛屿的人被叫做丹麦人、挪威人和瑞典人，但是在 8 世纪以前，他们都被叫做“维京人”，说着同样的古斯堪的纳维亚语，信奉着同样的神灵，在偏僻的村庄里过着同样艰苦的生活，被其他欧洲人称为“野蛮民族”，尽管当时他们已经建立起了不同的国家。

即使到了现在，人们每每提及海盗，脑海中首先浮现出的仍然是来自北欧的维京人，甚至在许多国家，“海盗”就是“维京人”的代名词。维京人和海盗之间的联系如此之深，究其原因，和他们生活的环境密不可分。

斯堪的纳维亚半岛及其附近岛屿地处北欧，恶劣的自然环境造就了维京人不同于其他欧洲人的外貌、性格特征和生存方式：他们大都高大健硕、长满了胡子；他们勇猛强悍，喜欢财富、冒险和征服；他们经年累月地在海上漂流、掠夺。

在古代，斯堪的纳维亚地区面对着北海，海湾深不可测，群山遍地，难以穿越的原始森林覆盖在山上，陆地上的交通极不发达，一眼望过去，几乎见不到人。

从公元前 6000 年起，地球的气候逐渐变暖，北欧的冰川开始融化。于是，维京人不仅在陆地上开拓了更多的狩猎场，还会为了捕捉海豹和驯鹿，乘着小船在岛屿和海湾之间穿行，有时甚至他们也会冒着生命危险去捕捉鲸鱼。

到了大约公元前 4000 年时，维京人就已经掌握了相当纯熟的造船技能，他们使用石斧和石锄造船，由于生活的土地上到处都是森林，因此他们从不为缺材少料而担心；同时，他们开始从事农业活动，包括驯化驯鹿为自己服务，驯鹿的肉和奶成为了他们的生活必需品。这段时期，维京人的数量也在慢慢增长，他们开垦土地、播种、收割，用简陋的陶器烹饪食物，但是，此时北欧文明的重心仍然是由树木和海洋构成的。

公元前 3000 年，维京人学会了制作青铜器，生产力水平大大提高了。他们用精湛的技艺打造金饰和青铜首饰、编织纯羊毛的衣服、制作剃刀和拔毛钳。在还没有使用暴力征服世界的时候，他们是充满活力的商人。

公元前 1500 年左右，维京人渡过了北海，和爱尔兰人、英格兰人进行交易。公元 1 世纪时，维京人的贸易范围进一步扩大，罗马人也成为了他们的生意伙伴。到了公元 6 世纪，维京人已经开始在自己的土地上接待外国商人，接待的地方都是在繁忙的商业城镇，比如位于瑞典斯德哥尔摩附近的小岛海尔约，就是当时重要的商业中心之一，人们在这里炼制铁器和青铜器，进行动物皮毛的交易。不过这个时候，维京人进行贸易往来的地区主要是西欧、英国和东波罗的海。

但是，当到了公元 8 世纪末，随着贸易活动的日益频繁，已有的贸易市场已经不能满足维京人的野心，于是，他们逐渐从活跃的商人变成了劫掠者和征服者。400 多年的时间里，维京人从斯堪的纳维亚半岛乘船而来，四处征伐、扩张，袭击了欧洲几乎所有的沿海城镇，他们偷走或抢走当地居民的牲口、谷物和财宝，他们表现出来的勇猛、冷酷和残忍让欧洲人胆寒至今。

格陵兰岛被发现

格陵兰岛的大部分区域位于北极圈以内，一年分为两季，一个是漫长的冬季，一个是短暂的夏季。到了冬天，有时一整天都是寒冷的黑夜；而到了夏季，头上每天都顶着太阳，此时，格陵兰岛就成为了一个只有白昼的岛屿。但是，在自然条件如此恶劣的岛屿上依旧有人居住，而且还成立了自治政府。

2004 年 9 月 26 日，根据相关媒体报道，格陵兰自治政府希望得到美国政府的支持，以脱离丹麦追求独立。格陵兰自治政府的财政严重依赖丹麦，这是它脱离丹麦寻求独立的最大障碍，但是格陵兰自治政府追求独立的信念十分坚定。格陵兰岛为什么要如此坚决地寻求独立？要弄清楚这个问题，就要先了解一下格陵兰岛的历史。

从公元 870 年开始，大批居住在挪威的维京人迁徙到冰岛定居，

格陵兰岛

导致冰岛人口急剧膨胀。公元982年，迁居冰岛的挪威维京人发现了格陵兰岛，这一发现吸引了大批移民前往定居。1261年，格陵兰沦为挪威的殖民地。1380年，丹麦与挪威联盟，格陵兰成为丹麦、挪威共同管理的领土。1973年，格陵兰随丹麦一起加入欧洲经济共同体。1985年2月1日，格陵兰通过全民投票表决，脱离了欧共体。1979年5月1日起，内部自治政府在格陵兰岛建立，丹麦国王仍然是它的君主，它是一个有着特殊地位的地区，格陵兰岛自行管理自己的事务，而只有和丹麦王国相关的案件才由丹麦的司法机构做出审判。因此，才出现了格陵兰岛寻求独立的新闻出现。

从上述资料中我们不难看出，是维京人最早发现并定居在了格陵兰岛。那么，格陵兰岛是谁发现的，又是如何被发现的呢？格陵兰岛的发现者是移居冰岛的挪威人埃里克，但是说起这段发现格陵兰岛的往事，就不得不提到络腮胡托罗尔夫。

挪威维京人迁徙到冰岛后，保留了传统的宗教信仰，其虔诚的程度和基督徒对上帝的信仰无二。在冰岛，出现过一个著名的首领兼祭司，他的名字叫做托罗尔夫，人称“络腮胡托罗尔夫”，他十分虔诚，在他的眼中，掌管战争和农业的索尔神是至高无上、不可侵犯的，并为此制定了一套禁令，虽然其中一些禁令不得人心，但是由于他拥有绝对的权威，因此没有人敢提出异议。但是托罗尔夫去世后，情况发生了变化，有人开始公开反对托罗尔夫的禁令，托罗尔夫的儿子是父亲的坚决维护者，他极力反对人们破坏父亲定下的规矩，双方各执己见、互不妥协。

后来，托罗尔夫的曾孙皈依了基督教，促进了基督教在冰岛的传播，这场纷争才总算画上了句号。但是，新的宗教信仰并没有改变维京人血液里好战的天性，他们是傲慢、专横、不受约束的战士，关于这一点，只要看看维京人历史上的著名人物，几乎都有过因为犯法而被驱逐出境的经历，而在逃避法律制裁的流亡之路上，他们仍然不忘寻求财富和自由，到杳无人烟的地方开疆拓土。红发埃里克就是其中的代表。

埃里克的脸庞比普通人红，头发也红得像火一样，性格暴躁、嗜杀成性。于是，人们就给他起了“红发埃里克”的绰号。埃里克原本居住在挪威，因为杀人被流放到了冰岛，来到冰岛后，他依然我行我素，直到再次犯罪，被判处流放 3 年。于是，他离开冰岛，驾驶着船只去寻找新的土地。

他在海上漂流了很长一段时间，才终于看到一处被冰雪覆盖的海岸，于是他继续航行，直到找到了可以上岸的地方。登陆后，埃里克发现这里的气候更加严酷，但是他并不沮丧，因为他拥有了自己的领地，他在这里建造了房屋，生存了 3 年。3 年的流放期满后，埃里克返回了冰岛，临走时，他给这片土地取名为“格陵兰岛”，意思是“绿色的土地”。

埃里克回到冰岛以后，自豪地向人们说起格陵兰岛，他的讲述点燃了维京人的热情和向往。他们整装待发，把货物、食品、牲畜、生活用具等一切所需要的物品都装上了船。不幸的是，他们在航行途中遭遇了暴风雨，最后只剩下大约 400 人幸免于难。维京人一向是不怕吃苦的，但是到了格陵兰岛以后，他们才明白什么叫做度日如年。最开始的时候，移民们定居的地方正对着冰河，位于峡湾之上，冰河在一定时间内会流动，这让他们建造的房屋经常遭受灾难。

维京人花了许多年的时间，才对格陵兰岛有了更深入的了解：这座岛屿的面积虽然很大，但是大部分地区都被冰层覆盖，因此可供生存的区域并不多；由于夏天的时间太短，他们不可能在这里种植农作物，因此只能依靠从海里捕捉到的鱼和自己喂养的牛羊身上的肉和奶来生存。由于自然条件实在过于恶劣，格陵兰岛上的人口一直十分稀少，但是不管怎么样，强悍的维京人最终还是在格陵兰岛生存了下来。

对包括埃里克在内的格陵兰岛的所有居民来说，岛上所有的生活用品都是非常匮乏的，但是最为缺乏的要数用来搭造建筑的木材。所以，最先到达格陵兰岛的人只能依靠外来的商船提供这些东西，而他们则用岛上的珍稀物品来进行交换。

埃里克喜欢“崇高的荣誉，喜欢所有人都承认他的权威”。但是他仍然按照维京人的传统，采取了比较民主的治理。很快，移民们在格陵兰岛就建立起一套类似于冰岛的阿尔庭的组织机构，并制定了相似的法律。他们的殖民地被证明是稳固的，因而吸引了来自冰岛的其他移民。到 11 世纪末，沿格陵兰西南海岸的峡湾，已经有约 3000 人生活在 100 多个村庄中。基督教传入冰岛后不久，也传到了格陵兰岛上。

难能可贵的是，在红发埃里克的儿子当中，有一个叫莱夫·埃里克逊的，他像他的父亲一样具有冒险精神，远航到了美洲，比哥伦布到达美洲早了将近 500 年，当时的莱夫·埃里克逊是驾驶着维京人著名的龙头船去的。

21 世纪的今天，格陵兰岛的人数仍然不多，约有 6 万人，他们仍旧生活在适合居住的那片地方，仍旧不能种植蔬菜，所有的水果和蔬菜都必须依靠海运和空运进行补给。

维京人比哥伦布更早发现美洲

当问起是谁首先发现美洲这个问题的时候，大部分人会脱口而出：“哥伦布！”哥伦布发现美洲这件事，被写进了历史和地理教科书，似乎成为了人尽皆知的常识。但是，这些年来，一些学者对这一看法提出了质疑，他们认为早在哥伦布到达美洲之前，就已经有人涉足这片土地了。有一种观点就认为，北欧海盗最早发现了美洲大陆。

在冰岛的古代传说中有这样的记载：就在埃里克向人们讲述格陵兰岛之后没多久，公元 986 年，另一个冰岛人布亚尔尼 · 海尔约尔夫松从冰岛乘船出发，朝着格陵兰岛的方向开去。途中，布亚尔尼一行人遭遇了大雾和狂风，船的航向自然也就发生了偏离，并来到了一片满是森林的大地。但是，他们当时一心只想早点到达格陵兰岛，对这片土地并没有什么好奇心，因此也没有上岸。他们抵达格陵兰岛后，才把看到一个遍布森林的陆地的这件事情讲给许多人听。

公元 1001 年，埃里克的儿子莱夫 · 埃里克逊买下了布亚尔尼的船，并率领 35 个身体强壮的男子，乘船去寻找那片神秘的土地。据文献记载，本来红发埃里克也计划加入到这次探险当中去，但是他不小心从马上跌落，所以只好留在家里静养。

巴芬岛

埃里克逊出发后，首先航行到了一个满是岩石和冰川的地方，这里的环境十分恶劣，他把这个地方命名为“赫卢兰”，也就是现在的巴芬岛。巴芬岛是世界第五大岛屿，位于加拿大的北面，岛屿的大部分区域在北极圈以内，岛上到处是怪石嶙峋的峡谷，周围的山峰海拔很高，达到 2000 米，山顶的积雪一整年都不会融化，即使是在科技日益进步的今天，这个岛上仍然荒无人烟，没有任何的交通设施，更没有乡村和城镇存在。

接着，埃里克逊在探险的过程中发现了一个十分宜人的地方，这个地方的小山上森林密布，这个地方被他叫做“马克兰”，据说就是今天加拿大的拉布拉多。但是，埃里克逊和船员们并没有因为这个发现而停下脚步，他们继续向南航行，找到了一个适合定居的地方，这里有许多野生的葡萄，被他们称作葡萄国度，又叫“文兰”。与格陵兰岛相比，文兰的冬天天气温和、光照充足，于是，他们在这里的海岸边建起了前哨站，并且在这里过了冬。第二年春天，埃里克逊和船员们用船装着木材和葡萄，回到了格陵兰岛。

埃里克逊原本打算亲自带着移民到文兰去，但是不久之后，他的父亲离开了人世，于是他改变了注意，决定留在格陵兰岛承担起父亲留下的职责。虽然埃里克逊停下了开拓的脚步，但是许多维京人受到了他的冒险精神的鼓舞，他们前后三次抵达文兰，并且在那里度过了冬天。但是好景不长，维京人与当地人发生了矛盾，由于敌我悬殊，他们只好逃回格陵兰岛。

公元1014年，埃里克逊的私生女弗雷德斯和另外两个维京人一起，带着 60 多人前往葡萄国度。到了那里以后，弗雷德斯贪财的本性就暴露了出来，她杀掉了许多同行的人，并夺取他们的财物据为己有。后来，这批维京人陆续返回格陵兰岛，1020 年，随着最后一批维京人离开，维京人“葡萄国度”的故事也结束了。

维京人曾经掀起了向西移民的浪潮，而“葡萄国度”是迄今为止已知的他们到达的最远的地方。此后，向北大西洋移民不再像从前那么容易，这股“西进”狂潮也就渐渐式微了。到 13 世纪时，气候变得更加恶劣，再加上无休止的争斗，格陵兰岛和冰岛的移民只好放弃了他们令人羡慕的独立，转而向挪威俯首称臣。

往昔的荣耀虽然已经成为过去，却永远不会被遗忘，即使冰岛人臣服于挪威而不再拥有自由，他们依然把海盗的传奇经历记录了下来，让后人了解他们的祖先，让他们心存敬仰。

那么，维京人的“葡萄国度”究竟在什么地方呢？ 1965 年，耶鲁大学得到了一张地图，这张地图是一个瑞士僧人绘制的，这个图的左上角画着一些岛屿，上面有“文兰”等字样。根据这张地图，有人认为，这些或许是北欧海盗到达葡萄国度的证据。

还有人认为，加拿大的纽芬兰就是传说中的葡萄国度。在这个地方，人们发现了维京人使用过的物品，还有住过的房屋的地基遗址。1936 年，一个维京人使用过的工具箱重见天日，工具箱里的工具齐全，包括大铁槌、小钻孔器、锯子、斧子和钳子等。20 世纪 70 年代，考古学家黑尔格与安妮·英格斯塔在纽芬兰一处叫做勒安斯·奥克·麦都斯的地方发掘出一处遗址，这个遗址曾经是挪威人的村庄，他们从中发现了 8 座草泥房屋建筑的遗迹，以及一些挪威壁炉、一个铁匠铺、熔化的铁和一些钉子，此外还有其他一些物品，年代都在公元 10 世纪晚期和 11 世纪早期。

加拿大考古学家彼得·施莱德曼收集到了最好的文献证据之一：在加拿大北冰洋的艾丽丝密岛上，他和同事发现了许多维京人的手工艺品，包括木桶和一只木盒残片、铁器和铜器、造船用的铆钉，甚至还有一件锁子甲。另外，在缅因沿岸还发现了一枚 11 世纪的挪威硬币，这很可能是进行贸易时使用的货币。

海盗包围下的巴黎保卫战

公元885年的夏天，来自丹麦的维京海盗洗劫了法国的鲁昂，并准备进攻法国的首都巴黎，但遭到了法国军民的顽强抵抗。这就是历史上著名的巴黎保卫战。

这一年的11月24日，天刚蒙蒙亮，巴黎人才陆续从睡梦中醒来，维京海盗却已经来到了巴黎，他们趁着夜色沿塞纳河驶向巴黎，等巴黎人发现时，数不清的船只已经把塞纳河变成了一个布满了密密麻麻的桅杆的水上森林。

这支海盗大军战舰众多，船员多达3万名，率领这支海盗大军的是丹麦首领西格弗雷德，但是其成员除了丹麦人以外，还有来自其他地方的人，人员构成非常复杂——不过，当时的巴黎人并不知道这些情况，他们既无法确定对方有多少人，也不知道对方的武器装备。他们唯一可以肯定的是：自己的君主——法兰克国王查理三世正率军征讨意大利，留在城中的只有巴黎主教约斯兰和纽斯特里亚伯爵奥多。更直白地说，当时巴黎城内只有200名骑士和为数不多的守卫，想用这样微薄的兵力对抗3万有备而来的海盗大军，无疑是以卵击石，毫无胜算可言。

面对这种极为不利的形势，巴黎军民们并没有绝望和屈服，而是表现出了异常的勇敢和团结。众所周知，那个时候的欧洲人十分相信上帝的力量，于是，他们把两件圣物——一位已经去世的主教的心脏和骨架放在堡垒旁边，用来鼓舞大家团结一致，共同御敌。

眼看着一场恶战就要不可避免地发生了，但是西格弗雷德并没有立刻进攻巴黎，这倒并不是因为他的仁慈，而是因为他的目的并不是杀戮和夺取城市，而是为了掠夺巴黎城里的东西。巴黎城的什么地方最有掠夺价值呢？毫无疑问，是位于塞纳河上游的乡村和城镇，那里

法国巴黎

土地肥沃、气候宜人、物产丰富，和寒冷贫瘠的北方比起来简直就是天堂，所以，海盗们不仅打算掠夺财富，还准备在那里享受一个温暖的冬季。

可是要到达那里，西格弗雷德和他的海盗们就必须攻克横在塞纳河上的桥梁和城堡，虽然他们人多势众，但是那些桥梁和城堡也不是那么容易就能攻克的。也就是说，他们面临着两个选择：一个是战斗，一个是说服巴黎人投降。即使是生性强悍的维京人，也明白生命和战斗力的宝贵，所以，西格弗雷德优先选择了后者，他希望可以不费一兵一卒就达成愿望、满载而归。

于是，西格弗雷德约见了巴黎权力的掌控者之一巴黎主教约斯兰，他先是对比了双方的兵力，然后告诉约斯兰自己的目的不是巴黎城，约斯兰只要打开城门，让他们前往上游地区就可以了。他对约斯兰说："看在上帝的份儿上，为了保护巴黎和巴黎的民众，赶快束手就擒吧！"但是，这个提议被约斯兰果断拒绝了。

维京人的耐心是有限的，西格弗雷德下达了最后的通牒：如果到第二天天快亮的时候巴黎人还不投降，他就会立刻发起进攻，直到取得胜利为止。通牒发出后，西格弗雷德就指挥舰队，把塞纳河和咽喉部位围了个水泄不通，断绝了巴黎人外逃走的可能。

果然，到了第二天凌晨，巴黎城的守卫们发现海盗们已经带着武器，分别从水、陆攻城了。恶战终于拉开了序幕。

巴黎军民毫不示弱，他们把任何可以挪动的东西扔下城墙，试图阻止海盗们的攻击，但是作用不大。于是，他们想出了新的办法：把油煮沸、把沥青点燃，从城墙上倾倒下去。这个办法果然奏效，每一次倾倒，都能听到海盗们从墙外发出的惨叫声和成片的落水声。

在巴黎军民不分昼夜的顽强抵抗下，海盗们的进攻始终无法占到上风，于是他们停止了攻击。他们放弃了吗？当然不，他们只是改用了包围战术。不过谁也没有预料到的是，这场包围战竟然持续了一年之久。

直到公元 886 年 2 月，河水冲垮了巴黎南面的桥梁，战势才发生了变化。西格弗雷德兵分两路，一路海盗继续包围巴黎，另一路则沿塞纳河而上，在河的两岸进行劫掠。此时，巴黎城里已经损失了不少骑士和守卫，要知道他们本来就为数不多，然而屋漏偏逢连夜雨，城市里还流行起了瘟疫，巴黎的情况十分危急。

在这个紧要关头，巴黎的另一位权力掌控者纽斯特里亚伯爵奥多冒着生命危险，偷偷翻出城墙，费尽周折后，终于把巴黎的情况报告给了查理三世。

查理三世外号“胖子查理”，是路易二世最小的儿子。公元 876 年，路易二世去世，查理继承了父亲的王位，并于 879 年接管了意大利王国。公元 881 年，教皇约翰八世加冕查理为皇帝，第二年，查理又继承了萨克森领地，就此成为了东法兰克的国王。公元 885 年，查理统一了整个查理曼帝国。但是，他并不是一位合格的皇帝，事实上，他的统治非常虚弱，甚至可以说是空有其表。

查理接到奥多的报告后，立刻班师回城，几天之后就到达了巴黎。到达巴黎后，查理和海盗们进行了好几次战斗，但是却无法取得胜利，无奈之下，查理提出和解，并最终用将近 320 千克黄金送走了海盗们。

查理的这个决定彻底激怒了之前与海盗们浴血奋战的巴黎军民，他们强烈要求查理下台。于是，巴黎解围后不久，查理失去了自己的冠冕，宣告了查理曼帝国的瓦解。公元 888 年，奥多伯爵接掌法兰克王国的王位。不过，对于海盗们来说，王朝的兴衰更替并不重要。

那么，拿到丰厚战利品的海盗们回到故乡了吗？答案是没有，因为他们找到了一个更适合生存的好地方。

海盗罗洛创造诺曼底公国

维京人虽然没有攻占巴黎，但在公元 8—9 世纪把整个欧洲搞得混乱不堪，其中，法国受到的冲击最多。公元 888 年，法兰克国王查理三世被迫下台，奥多伯爵当上了西法兰克王国国王，但是奥多的统治也并不稳固，由于种种原因，王国分裂成了许多小君主国，使得让他们无法团结一致抵御外敌。

诺曼底公国纪念章

当时，攻击法兰克王国的海盗主要是来自丹麦和挪威的维京人。在争夺法兰克统治权的野心家中，有一个叫做罗夫的，法文名叫罗洛，他自己是挪威人，但手下的海盗大都是丹麦人。这个人在历史上留下了浓墨重彩的一笔，他为自己争取到了两个身份：一个是丹麦维京人的首领，另一个是诺曼底公国的创始人。

罗夫是挪威贵族罗格瓦尔的儿子，当地的挪威人都称他为“工头罗夫”，据说是因为罗夫四肢粗壮，行动笨拙，就像一个粗鲁愚笨的工头，才有了这么一个绰号。

当时，统治挪威的是赫赫有名的金发王哈拉尔德，尽管罗夫的父亲罗格瓦尔是哈拉尔德十分信任的手下之一，但是罗夫却并不受哈拉尔德的欢迎。因为罗夫最喜欢做的事情是四处劫掠，可以说是一个天生的海盗，他还经常载着大量抢来的金银财宝，趾高气扬地回到挪威，到处向人们炫耀自己的海盗生涯和战利品。虽然哈拉尔德年轻的时候也做过海盗，但他现在的身份是国王，不可能公开支持和默许抢劫的行为，为此，他还专门颁布了法令限制国民的劫掠行径，一旦违反，就会受到严厉的惩罚。

可是，桀骜不驯的罗夫仗着自己父亲的权势，对这项法令充耳不闻，依旧我行我素、为所欲为，这令哈拉尔德忍无可忍。在一次会议上，哈拉尔德宣布罗夫的行为违背了国家法令，决定将他驱逐出境。虽然罗夫的母亲苦苦哀求，但是金发王心意已决。

这个时候，罗夫才知道国王对自己非常反感，于是，他毅然离开挪威，加入了丹麦海盗的队伍，继续进行劫掠活动。但是让人难以预料的是，许多年以后，罗夫竟然成为了诺曼底公国的创始人。

离开挪威之后，罗夫经常跟随丹麦海盗出没于附近的国家和地区，他们四处劫掠，攻城略地，一晃就是 20 多年。因为罗夫作战十分勇猛而且很有头脑，终于被推举为挪威海盗的首领。他的海盗队伍发展得很快，兵力最多的时候有 10 多万人。

公元 885 年 11 月，罗夫在法兰克福自立为帝。在以后的几年里，罗夫多次在法国沿岸从事劫掠活动，这让法国国王感到很头疼，他多次调动军队与罗夫带领的海盗进行战斗。从表面上来看，双方好像是不相上下，分不出输赢，但实际上，法国的统治阶层已经开始走向衰落，他们没有能力把罗夫这群海盗赶出法国，只能让他们继续兴风作浪。

大约在 9 世纪初，罗夫带领着维京海盗在法国的纽斯特里亚一带定居。那个时候的罗夫已经十分有名，并且开始割据一方。

公元 911 年，法国国王和罗夫相互妥协，并达成了协议：罗夫成为法国国王的臣子，法国国王分封给罗夫一部分土地，这部分土地位于纽斯特里亚，也就是现在的诺曼底一带，不仅如此，罗夫还得到了诺曼底公爵的封号。作为答谢和交换的条件，罗夫停止了海上的劫掠和骚扰，他正式接受洗礼，皈依了基督教，并使用法语，还娶了一个伯爵的女儿为妻；而他手下的海盗们不仅拥有了"诺曼底人"这一新的身份，还得到了马匹和兵器，成为了基督教旗帜下的法国骑士，享受着和其他法国骑士相同的待遇。

在此后的 100 年之中，罗夫和他的手下在这里设立了许多永久居民点，今天的"诺曼底"一词就源于定居在这些地区的北欧人。

据说，当时有 5000 名维京人与当地的法国人融合在一起，他们跟随罗夫皈依基督教，修建教堂，进行宗教改革，并且都娶了当地的法国女人做妻子。不过，这些维京人在拥护教廷的同时，并没有完全抛弃刻在血脉中的信仰自由的传统。他们在当地建立起来的政府虽然制定了许多新政，归顺法国后采用了加洛林王朝的制度，使诺曼底公国成为 11 世纪西欧封建制度高度发展的国家之一，但是在这套制度当中，我们依然能看到不少北欧制度的影子。

在之后几百年的时间里，居住在诺曼底公国的丹麦维京人的后裔们相继派出军队，征服了意大利的南部、西西里岛以及英伦三岛。在 1095—1099 年教廷发起的第一次十字军东征中，这些诺曼底人占领了黎巴嫩和叙利亚，并在西西里建立了王国，他们的统治一直持续到 1402 年。

丹麦维京人创建卡努特王朝

公元 1016 年，英格兰国王埃塞尔雷德二世去世，他的儿子爱德蒙二世继承王位。值此王位交替、政权不稳定之际，丹麦前国王斯汶一世的儿子卡努特一世率领丹麦人向英格兰发起了大规模的进攻。

爱德蒙二世率领英国军民奋起抵抗，他们一度占据了优势，甚至夺回了被卡努特一世占领的牛津和肯特两地，但是好景不长，爱德蒙二世在埃塞克斯之战中不幸战败，不得不同卡努特一世签订了和平协议，协议规定：韦塞克斯由爱德蒙二世管理，麦西亚和诺森布里亚则交由卡努特一世管辖，两人约定，如果谁先死亡，活着的一方就有权继承死者的全部领土。然后，更不幸的事情发生了，当年 11 月，爱

英格兰

德蒙二世就去世了。关于爱德蒙之死有两种说法：一是病死，二是遭到了维京人的暗杀。但是无论真相如何，英格兰全部的土地都归到了卡努特一世的统治之下。至此，卡努特一世当起了两个国家的国王，他的王国版图包括挪威、瑞典南部、苏格兰大部和英格兰。历史上把卡努特一世称作卡努特大帝，丹麦统治英格兰的时代来临了。

卡努特大帝在位期间，勤于政事、爱民如子，采取了比较柔和的政策，他还娶了一个英国女子作为自己的妻子，这位妻子去世后，他迎娶了前英格兰国王爱德蒙的遗孀埃玛。

但是丹麦人的统治是短暂的。公元 1035 年 11 月，在统治了英格兰近 20 年后，卡努特大帝与世长辞，他与前妻所生的儿子“兔嘴王”哈罗德继承了王位。5 年后，哈罗德离世，于是，卡努特大帝和埃玛的儿子哈德卡纽成为了丹麦王朝唯一的继承人，他顺利当上了英格兰的国王，但是他在位的时间比他的哥哥还要短，仅两年后，哈德卡纽特也离开了人世。这一次，丹麦王朝再也找不到第三个正统继承人了。

在此后几百年的时间里，丹麦一直战乱不断，连续卷入了许多场的战争纠纷。在这期间，丹麦维京人与当地人慢慢走向融合，并且形成了自己的民族，还建立了国家。

12 世纪中期以后，瓦尔德马一世统一了丹麦，建立起强大的瓦尔德马王朝。瓦尔德马通过战争，把爱沙尼亚、易北河以北的地区和果特兰岛据为己有。公元 1380—1814 年，挪威向丹麦俯首称臣。

公元 1397 年，丹麦女王玛格丽特主持召开了卡尔马会议，并把丹麦、挪威、瑞典合在一起组建了卡尔马联盟，当然，在这个联盟中处于统治地位的是丹麦。卡马尔联盟一共存在了 126 年。在这段时间里，原本属于挪威的格陵兰岛、法罗群岛被纳入丹麦的统治之下，德国北部的一个州也被并入到丹麦的版图之中。直到今天，丹麦人仍旧因为自己的祖先曾经建立起一个海盗强国而感到骄傲。

公元 1523 年，丹麦被瑞典打败，瑞典获得独立。此后，丹麦和瑞典多次因为争夺波罗的海及其周围地区的控制权而开战，但是每一次战争都以丹麦战败告终，战争中，丹麦的疆土日渐萎缩。三十年战争期间，丹麦的情况更加糟糕，公元 1657 年，丹麦全境被瑞典占领。

公元 1801 年，丹麦发动哥本哈根之战，结果是丹麦海军全部被歼灭。后来，丹麦转而支持拿破仑，希望借助拿破仑的力量夺回失去的土地，但不幸的是，拿破仑也失败了。于是丹麦只好签订《基尔和约》，把挪威割让给了瑞典。不久之后，冰岛也脱离了丹麦的统治。

公元 1848 年，许多欧洲国家开始了民主运动。丹麦立宪会议颁布了宪法，并且确立了君主立宪制制度，成为自 1849 年建立君主立宪政体后，世界上最古老的君主立宪制国家之一。

1000 多年匆匆而过，但是丹麦海盗建立起来的北欧王国的昔日雄风并没有成为历史的过眼云烟。到现在，不管是丹麦的世界遗产，还是海盗博物馆，人们处处都可以感受到北欧海盗留下的种种痕迹。

在丹麦的世界遗产中，除了北欧海盗的统治者老哥尔姆国王的埋葬地以外，还有丹麦国王哈拉尔建造的洛斯基尔德古城。洛斯基尔德城的历史非常悠久，可以追溯到公元 990 年左右。据说，洛斯基尔德城的奠基人是丹麦国王“青牙哈拉尔”，他在今天洛斯基尔德大教堂的位置上建造了第一座木制教堂，去世后又葬身于此。不久之后，这里就成为了丹麦的政治中心和宗教中心。到公元 1020 年左右，大教堂周围已经建起了许多教堂和修道院，变革运动以来，所有的丹麦国王都是在这里统治着整个国家。丹麦女王玛格丽特也选择这里作为自己死后的归宿，这个做法被后来的许多丹麦国王效仿，于是，这座教堂就成为了丹麦的皇家陵寝。

到现在，这座教堂里共埋葬了 39 位国王和王后。1985 年，教堂西北角建造了一个新的皇家墓地，用来埋葬丹麦女王玛格丽特二世的双亲。

丹麦人的祖先统治英格兰、挪威和瑞典的这段历史令丹麦人感到十分自豪，是几乎每一个丹麦人都津津乐道的，他们还于1968年建造了海盗博物馆。海盗博物馆位于罗斯基尔海湾，这个地方距离哥本哈根36千米，是丹麦的著名旅游景点。

1957年，一些木船的残骸在罗斯基尔海湾被发现，发现者是两名潜水爱好者，后经过考证，这些船是1000多年前北欧海盗们遗留下来的。于是，丹麦展开了大规模的考古发掘活动，一共挖掘出了5条海盗船，包括2条战船和2条商船，另外1条是渡船或渔船，它们如今都陈列在海盗博物馆中。此外，海盗博物馆里还珍藏着北欧海盗们使用过的船桨、绳索等实物。更有意思的是，如果人们想体验一下做海盗的感觉，还可以装扮成一名维京海盗，乘坐复原的海盗船在罗斯基尔海湾里到处横行，穿越1000多年的时光，领略丹麦海盗统治英格兰、建立卡努特王朝之时的威风。

“宝剑莱夫”之死：维京人对冰岛的拓殖

根据史料记载，公元8世纪末，一些爱尔兰修道士开始移居冰岛。但是还有另外一种说法，公元860年左右，两个维京人首先发现了冰岛，这两个人是挪威人纳多德和瑞典人加尔达尔。他们乘船航行时，在狂风中偏离了航向，偶然发现了冰岛这块土地。回去之后，他们就将自己的发现讲给别人听。

不久之后，冰岛上又来了一批人，可是冰岛并不像他们想象的那样拥有宜居的条件，失望之余，他们返航离开了。然而，在离开的这些人当中，有一个人对冰岛产生了十分美好的怀念，在他的口中，冰岛变成了一个极其富饶的地方，他描述冰岛的“每片草叶上都流淌着

冰岛

黄油”。这个人对冰岛的美妙描述渐渐流传开来，最后传到另一个维京人——挪威贵族英格尔夫·阿尔纳尔松的耳朵里，点燃了英格尔夫无尽的渴望。公元874年，英格尔夫·阿尔纳尔松决定移居冰岛。

英格尔夫之所以想要移居冰岛，是因为他在挪威实在是待不下去了。事情是这样的，挪威一位海盗首领的两个儿子玷污了英格尔夫的姐妹，还有英格尔夫的兄弟莱夫的未婚妻，英格尔夫非常愤怒，将他们杀死了，并因此结下仇怨。就在这时，他听到了别人对冰岛的美好描述，于是就有了移居冰岛的打算。

英格尔夫和他的兄弟莱夫先是带着一部分家人前往冰岛，确认冰岛是否真的适合居住。他们在那里修建了简易的房子，并一起在那里度过了一个冬天。他们发现，冰岛的气候虽然恶劣，但是由于受到暖流的影响，并不是特别寒冷，他们对此十分满意。返回挪威后，兄弟二人分工合作，英格尔夫负责为全家人迁移冰岛做好所有的准备，莱夫则负责前往爱尔兰筹集物资，作为他们在冰岛的新生活的保障。

在维京人的定义里，“筹集”和“抢”没有本质的不同。莱夫抵达爱尔兰之后，海盗的本性就展露无遗，他四处劫掠，几乎不放过任何他看到的财富。在劫掠到的所有物资中，最令莱夫感到满意的是一把宝剑，这把宝剑巨大而且锋利无比，令他无往不胜，所向披靡。很快，莱夫和他的巨剑就声名远扬了，并得到了“宝剑莱夫”的外号。在返回挪威的途中，莱夫还俘获了10个爱尔兰人，他把他们当作奴隶带回挪威。莱夫没有料到的是，不久之后，正是这10个爱尔兰人设下计谋要了他的命，当然这是后话了。

莱夫回到挪威时，英格尔夫这边也已经万事俱备了。于是，兄弟俩各自载着家人、奴隶、牲畜和生活必要物资，还有其他一些自由民驾船出发了。据说，在启程之前，英格尔夫曾十分虔诚地向索尔神献祭，并在自己的高椅台座上刻满了神像，当船快要靠近冰岛的时候，英格尔夫把高椅台座抛进海里，并发誓听从神的旨意，这个座椅飘到哪里，他就在哪里定居。和哥哥不同的是，莱夫充满了信心，他对神灵不屑一顾，把未来的方向把握在自己的手中。于是，兄弟两人沿着不同的航道各自前行。

英格尔夫上岸后，立刻开始四处寻找那个高椅台座。莱夫一行人则在他们登陆的地方定居下来，由于缺少耕牛开垦土地，莱夫就让那10个爱尔兰人充当耕牛的角色，这一举动极大地侵犯了这些爱尔兰人的尊严，于是他们开始密谋杀死莱夫。他们先是杀死了耕牛，并欺骗莱夫牛是被熊咬死的，莱夫相信了他们，准备猎捕那头并不存在的熊。这时，爱尔兰人又向莱夫提议分头抓捕，莱夫接受了这个方案，却在猎捕的过程中变成了爱尔兰人的猎物，最后死在了爱尔兰人的围攻中。

莱夫死后，这几个爱尔兰人逃到了附近的小岛上。但是，莱夫的尸体最终被寻找高椅台座的英格尔夫发现了，他从其他人口中了解了事情的经过后，追到爱尔兰人藏身的小岛，把他们全部杀死了。

后来，英格尔夫的手下在一个海湾找到了那个高椅台座，英格尔夫一行人就在这个海湾定居下来了。

但是，尽管这里是“神灵恩慈之地”，却并没有传言中“每片草叶上都流淌着黄油”的景象，而且情况恰恰相反，这里到处都是火山口，遍布着温度很高的温泉，弥漫的浓雾中有相当一部分来自沸腾的硫磺水。因此，英格尔夫给这个地方取名为“雷克雅未克”，挪威语的意思是“冒烟的海湾”。许多个世纪之后，雷克雅未克成为了今天冰岛的首都。

由于雷克雅未克的环境过于恶劣，一些跟随者对英格尔夫在此定居的决定非常不满，他们很快就离开了冰岛。但是大部分人选择了留下，其中有一个叫做维菲尔的，非常忠心，他原本是奴隶，后来，英格尔夫为奖励他的忠心，赐给了他自由民的身份。

英格尔夫一行人定居下来之后，吸引了一大批人往这里迁移。这些人来到这里的原因不尽相同，有的是为了脱离金发王哈拉尔德的严酷统治，有的则是因为斯堪的纳维亚半岛的资源已经无法满足不断增长的人口的需求。

但是冰岛并不是一个富饶的地方，没过多久，这片土地上的资源就几乎被众多的移民瓜分完了，移民们只能靠着从挪威运来的物品维持生存。可是很快，他们带来的白银也花光了，于是只好用物品来进行交换。为了维持贸易秩序，他们委派了 3 个人专门为商品制定合理的价格；同时，为了建立良好的社会秩序，他们还设立法庭，完善法律条文，并由当地首领和祭司来维护社会秩序。

冰岛的面积虽然比爱尔兰要大，但是许多地方都不适合居住，岛屿上四分之三的地区地形都很复杂。所以，任何资源在这里都是极为宝贵的，而随着人口的增多，各类矛盾也就不可避免地显现出来了。

对冰岛人来说，任何事情都可以成为冲突的导火索，哪怕是一只家畜。不过在种种冲突当中，最为突出的莫过于对土地的争夺了。这样的情况其实是在意料之中的，不断增多的移民把原本盘踞在斯堪的纳维亚半岛上的人口压力转移到了冰岛，于是就产生了各种各样的矛盾：相邻的冰岛人之间因为争夺生存空间而纷争不休，后来者与先来者之间的地盘抢夺战也异常激烈。

到了公元 10 世纪初，种种冲突已经失去了自我调和的可能，于是，冰岛人被迫放下尊严，邀请曾经被他们“抛弃”的国王哈拉尔德出面调解争端。与此同时，一些年轻好战、精力旺盛的挪威维京人重操祖辈的旧业，他们驾驶着海盗船重返欧洲，大肆劫掠，在这些人当中又有一些特别胆大、热衷于冒险的，他们把船只驶向了更远的地方。

抗海盗英雄：阿尔弗雷德大帝

公元871年，丹麦海盗占领了伦敦，残暴的海盗首领“无骨者”伊瓦尔在英格兰的土地上四处行凶作恶，整个英格兰都陷入了十分危急的境地。当时，英格兰分为7个小国，无法集中力量对抗丹麦海盗的入侵，就在这个紧要关头，7国之一的韦塞克斯王国出现了一个伟大的国王，他斗志昂扬，不仅鼓舞了英格兰全境人民的士气，成功赶走了丹麦海盗，还影响了历史发展的进程，他就是被后人崇敬和思念的阿尔弗雷德大帝。

阿尔弗雷德大帝画像

根据历史记载，阿尔弗雷德大帝不但聪明、有智慧、多才多艺，而且励精图治，少年时代就立下了要把丹麦海盗赶出英格兰的志向，年轻时就多次跟随兄长艾特尔雷德与丹麦人展开斗争，后来，艾特尔雷德逝世，阿尔弗雷德当上了韦塞克斯的国王。登上王位后，他果然组建了一支强大的舰队。

身为国王的阿尔弗雷德把主要的精力都放在了怎样才能更好地抵抗丹麦维京人的侵略上面，尽管丹麦海盗的进攻一次比一次凶猛，但是大部分还是被赶走了。为了集中力量，阿尔弗雷德采取了一些开明、柔性的政策，展现了灵活的外交手腕，不仅与邻国关系友好，有时甚至会和海盗们进行谈判。

公元876年，丹麦人又一次向韦塞克斯王国发动了进攻。这一次，阿尔弗雷德不再像过去那样只采取防守的措施，而是秘密组织了一支精锐队伍，对丹麦人发动突袭。这一仗把丹麦人打得措手不及，他们也不敢再轻易袭扰韦塞克斯了，当地人的生活也趋于安宁，军队也获得了喘息的机会。

公元 878 年，丹麦人卷土重来，逼近韦塞克斯王国，这次率领丹麦军队的是海盗首领古特伦。在阿尔弗雷德的迎头痛击下，丹麦人并没有取得什么优势，最终，古特伦不得不接受协议，从而使阿尔弗雷德获得对本国及邻国麦西亚的统治权。但是，协议中也有对丹麦的赔偿条款，按照协定，丹麦人也获得了一部分丰饶的土地。古特伦还信奉了基督教，并把阿尔弗雷德视为教父，他的手下也与英格兰当地人融合在一起。

公元 886 年，阿尔弗雷德从丹麦人手中夺回了伦敦的控制权，解放了南方的大部分地区，并受到了当地人的热烈欢迎。公元 892 年，丹麦军队又发动了对英格兰的战争，阿尔弗雷德带领大家奋勇抵抗，丹麦人始终无法取得胜利，只好撤了回去。这一战之后，阿尔弗雷德与英格兰 7 国中的麦西亚王国结盟，至此，除了少数被丹麦人控制的地区之外，英格兰全境几乎都纳入了阿尔弗雷德统治，七国的纷争就此告一段落。

在对抗外敌的同时，阿尔弗雷德还把国家治理得井井有条。在他统治的期间内，英格兰许多方面都得到了长足的发展，包括律法、科技、文化、军事和外交等。

阿尔弗雷德非常重视教育，他积极开办公立学校，聘请国外的著名教师授课；他还编写了《盎格鲁—撒克逊编年史》，大力提倡科学，并对那些有突出贡献的科学家们进行奖励，促进了英格兰学术研究的发展，而他本人也发明了许多东西，如牛角灯、计时蜡烛等。

阿尔弗雷德的兴趣十分广泛，他不仅懂得天文地理，知道如何开展商业贸易，还发明了牛角灯、计时蜡烛等许多东西。阿尔弗雷德还自学了拉丁文，把一些拉丁语名著翻译成盎格鲁—撒克逊语。

而且，阿尔弗雷德虽然骁勇善战、精于治国，但是私下里却是一个十分友好、谦虚的人，而且很难得地保留了孩童似的好奇心。在关于他的宫廷史料中，就有一段关于阿尔弗雷德和挪威商人的趣事的记载。这名挪威商人叫做奥塔，他受到阿尔弗雷德的邀请，来到宫中讲述自己的见闻和趣事。

奥塔告诉阿尔弗雷德，自己居住在挪威的最北边，那里是北极圈的范围，不远处生活着一群拉普人。阿尔弗雷德从来没有见过拉普人，对他们非常好奇，便让奥塔多讲一些关于拉普人的事情，还命人将奥塔的讲述原原本本地记录下来。于是，奥塔向阿尔弗雷德详细讲述了拉普人的生活习惯、捕猎方式以及猎物的种类等许多事情。比如拉普人心灵手巧，他们能把海象的皮制作成比海象身体长 10 倍的绳索，非常结实耐用；在寒冷的冬天，拉普人会捕猎野兽，把它们的毛皮做成保暖性很好的衣服，而到了夏天，他们就会下海捕猎海豹、海象和鲸等动物。奥塔还对阿尔弗雷德说起拉普人的驯鹿，他说自己虽然不是拉普人，但是家里也养了 600 只左右的驯鹿。

当然，奥塔也没忘记向这位国王夸耀自己的经历，他说在自己的家乡，他和同伴曾经花了两天的时间捕获了 60 头鲸。我们无从知晓他所言是否属实，但是无论如何，奥塔和阿尔弗雷德的相处十分融洽、愉快。

令人遗憾的是，公元 899 年，阿尔弗雷德大帝去世，丹麦人重新发动了对英格兰的侵略战争，阿尔弗雷德生前奋力取得和守护的战果，在许多地方都被毁灭了。

这位伟大的国王留给后人的，除了宝贵的科技、文化、律法和精神等财富外，还有举世闻名的“阿尔弗雷德之宝”。这件宝物由黄金制成，精美绝伦、价值连城，上面有一组用古英语写成的金字铭文，大意是“奉阿尔弗雷德之命制作”。在 1693 年，阿尔弗雷德之宝重现人间，地点在英国萨默塞特的艾塞尔内附近，在当时引发了全世界的关注。现在，这件稀世珍宝被珍藏在牛津阿西莫尔博物馆。

Part 2

勇猛的挪威海盗

挪威海盗属于维京海盗的一支，他们的海盗时代是从劫掠修道院开始的。在挪威历任国王中，有一位叫做哈拉尔德的，他有一头美丽的金发，大家称呼他为金发王，他通过战争统一了挪威地区。此后，挪威海盗加紧了对欧洲的侵略，势力也不断壮大，迫使欧洲沿岸的国家建立起汉萨同盟。在这段历史中，发生了许多惊心动魄的故事。

挪威海盗攻掠修道院开启海盗时代

维京人体型高大，男人的胡子浓密，就好像雄狮一样，他们的性情和狮子也没有太多的区别，几乎每个人都十分凶悍，在战斗中的表现更是勇猛无比，似乎一点也不把生死放在心上。在战争中，他们无法在人数上占据优势，因此只能依靠周密的策划或是发动突然袭击赢得胜利。

在维京人兴起之前，偏僻荒凉的苏格兰北部地区就已经有挪威维京人定居了，在设得兰群岛、奥克尼群岛、赫布里底群岛上面都有他们的足迹。后来，他们在海岸上建立起了坚不可摧的驻扎地，同时，英格兰、苏格兰、爱尔兰、马恩岛和西欧等其他地区都是他们扩张的目标。

苏格兰

公元 787 年，英国的多塞特海岸突然闯入了几艘龙头船，船刚靠岸，海盗们就手持矛、剑、战斧等武器涌上陆地，上岸以后，他们每个人都像是残暴而贪婪的野兽，不分男女老幼逢人就杀，不分东西贵贱见物就抢，当地的房屋被他们付之一炬，当地人的牲畜也被他们给劫掠走了。狂风暴雨般的劫掠后，他们载着战利品迅速离开，只在身后留下染血的废墟和幸存者悲戚的哭嚎。这是维京人第一次劫掠英国。

公元 793 年 6 月 8 日，挪威维京人又一次对英国发动了迅猛的袭击，这一次，他们的目标是英格兰东岸中部的诺森伯里亚的林第斯法恩岛，海盗们甚至连教堂也不放过，他们洗劫了林迪斯法恩岛上一座建造于6世纪的著名教堂。这次劫掠不仅为维京时代的到来吹响了号角，也在欧洲历史上留下了难以愈合的创伤，每当人们回忆起这件事来，就会十分痛苦。哪怕过去了几百年，史料记载的内容读起来仍然会让人感到胆战心惊："在那个时候，大地上旋风四起，天上的雷声响个不停，一条巨龙在闪电中出现。维京人手里拿着刀斧冲进林第斯法恩教堂，他们疯狂地劫掠和破坏，用肮脏的双脚玷污了如此圣洁的地方，他们在神坛下铆足了劲儿地挖掘，教堂里面的所有财宝都被他们给抢走了。"

根据史料记载，自从发生了这件突袭事件，从793年到795年春天，许多地方的修道院和教堂都遭到了海盗们的袭击和劫掠。这些修道院全部位于北海和爱尔兰的岛屿上，包括贾罗修道院、蒙克威尔穆什修道院、雷奇修道院、圣帕特里克修道院和圣高伦邦修道院。在797年，不列颠群岛的马恩岛也被海盗们洗劫；800年，贾罗南部的一个修道院遭受了同样的厄运，接下来的是一个位于苏格兰西岸的修道院。

教堂和修道院在欧洲人的心目中是十分神圣、不容侵犯的，但是挪威海盗不是基督徒，他们只对钱财感兴趣，因此每当教堂里出现这些海盗的身影，所有值钱的物品就会被劫掠一空。这些神圣的地方惨遭横祸，对当地人的心灵产生了极大的冲击，在当地的人眼中，这些挪威海盗无异于亵渎上帝的魔鬼。不过，教堂和修道院并不是海盗们唯一的目标，他们后来又陆续劫掠了一些村庄。可以这样说，海盗们几乎把他们袭击过的每一个地方都变成了可怕的地狱。

不过，维京人对教堂和修道院的"情有独钟"并非出于宗教因素。研究表明，那个时候的挪威维京人并没有宗教情感，对基督教也不抱有任何的敌意或偏见。事实上，当时的北欧海盗还处于蒙昧无知的状态，并不知道文明为何物，教堂在他们眼中没有什么特别之处，在进攻这些地方的时候自然也就不会感到良心不安，不会受到内心道德的审判。这些海盗把劫掠的目标锁定为教堂和修道院的原因有两个：第一，修道院中物资充盈、财宝众多，海盗们当然会怦然心动；第二，教堂中的教士和信徒没有任何反抗能力，海盗们在袭击教堂的时候从来没有受到过阻挠，所以他们可以任意屠杀修道士，或者将这些人当作奴隶来使唤——以很小的代价换取丰厚的财富，是挪威海盗的劫掠的原始冲动。

维京人攻掠欧洲的序幕就这样拉开了，他们用这种粗鲁的突袭方式称雄欧洲，在长达 300 年的时间里，没有哪个国家和民族可以把维京海盗抵挡在外，这一切都对欧洲历史进程产生了不可更改的影响，维京人似乎成了欧洲人的主宰。

到了公元 9 世纪，北欧海盗的侵略活动更加肆无忌惮，而且极大地拓宽了侵略范围。他们通常喜欢在夜间采取行动，因为这个时候人们大多已经进入梦乡，处于毫无防备的状态，发动突袭获胜的概率比较高。因此如果能够穿越时空回到当时的欧洲，就能够经常看见这样的场景：被夜色笼罩的海平面上出现了几艘龙头船，黑色的海盗旗在海风中翻卷，这些船只靠岸后，就会有一小群人迅速上岸，对村庄发动突然袭击，当他们把东西抢得差不多了，就把房屋烧毁，迅速回到船上。他们劫掠的不仅仅是财物，有时还会把一些人当作奴隶给卖掉。他们攻击的范围涵盖了整个西方世界，欧洲所有的沿海城镇和乡村都受到了他们的攻击，只有蒙克威尔穆什修道院经过浴血奋战，终于把维京人给击退了。直到今天，维京人仍然是血腥与恐怖的代名词。

海盗国王促成挪威统一

20 世纪初，在挪威发现了一个船葬墓，这个船葬墓据说是挪威金发王哈拉尔德的祖母阿萨的，在当时引起了极大的轰动。按照挪威古代的传说，金发王哈拉尔德的先辈在挪威历史上声名显赫，他的父亲是“黑王”哈夫丹，他的祖父是“猎王”古德罗德，他们两个都是国王，而他的祖母阿萨的名气还要远胜于他的祖父和父亲。

阿萨王后的父亲也是挪威的一个国王。金发王的祖父“猎王”古德罗德杀死了阿萨的父亲和兄弟，还将阿萨掳走，纳她为妾。后来，阿萨当上了王后，为了给自己的父兄报仇，她命人刺杀了自己的丈夫，然后自称女王。

到了“黑王”哈夫丹这一代，虽然他的国家只是挪威众多小国当中的一个，但是他占领的却是挪威最好的区域，这里自然条件十分优越，不仅拥有优良的海港，还有经济繁荣的市镇和绿色的坡地，在哈夫丹的统治下，王国富足而强盛，财富的积累助长了哈夫丹的扩张野

挪威

心，他四处征战、开疆拓土。等到金发王哈拉尔德继承王位的时候，他的王国已经变得更加繁荣昌盛了。

哈拉尔德 10 岁时，他的父亲哈夫丹去世了，他继承了王位。在北欧人看来，男孩 12 岁就成年了，所以两年以后，哈拉尔德开始亲政，正式成为国王。当上国王之后的哈拉尔德，为自己招募了一批勇士、智者、文人、艺人和小丑，在这些人当中，备受哈拉尔德青睐的大概非勇士莫属了。

根据史料的记载，哈拉尔德对这些勇士十分慷慨，他们穿着的华丽衣服、佩戴的金银首饰以及精良的武器装备，无一不是来自哈拉尔德的赏赐。

哈拉尔德从小在宫廷中长大，过着养尊处优的生活，在即位之初，他并没有想过开疆拓土，更没有统一整个挪威的野心。但是后来，他像换了一个人一样，变得野心勃勃，而且喜欢横征暴敛。哈拉尔德之所以会有这样的转变，据说是因为他的未婚妻，她的名字叫做居达。

哈拉尔德长大以后，听说挪威西南有一个霍达兰王国，这个王国的国王有一个美丽动人的女儿，也就是刚刚说到的居达。于是，哈拉尔德就派自己的手下去求婚，但是过程并不顺利，居达并没有答应他的请求，而是提出了一个条件：如果哈拉尔德能够统一整个挪威，她就会嫁给他。

哈拉尔德的使臣觉得居达提出的要求十分无理傲慢，他认为一个女孩子不应该提出这样的求婚条件，于是，他很气愤地回到挪威，并把原话转告给了哈拉尔德。没想到哈拉尔德听完之后，不但没有生气，反而接受了居达的要求。因为他觉得，正是居达的条件让自己如梦初醒，自己应该主动地承担起统一整个挪威的重任，而不是像现在一样意志消沉。因此，他对居达充满了感激之情。

更让人想不到的是，哈拉尔德一反常态，他本来是一个注重自己身材而且喜欢打扮的男子，可是他却郑重地宣布：在自己没有完全统一整个挪威之前，将不会修饰打扮自己，也不会好好打理头发。后来，他金色的头发越来越长、越来越浓密，好像雄狮一般，于是就有了“金发王”的称号。

为了让居达不轻视自己，更为了证明自己的实力，哈拉尔德不久之后就开始对邻国发动一次又一次的战争。哈拉尔德的军队就像海盗一样，每到了一个地方，就烧杀抢掠，无恶不作，以至于他们经过的村庄都变成了废墟。因此，很多人称哈拉尔德为“海盗国王”。

在征服了挪威的北方地区之后，哈拉尔德将视线转向了挪威的西海岸，他率领海盗舰队向西海岸开进。尽管西海岸峡湾众多，给当地的王国提供了天然的屏障，但是在哈拉尔德舰队的猛烈进攻下，没过多久，西海岸最后的抵抗力量——霍达兰国王埃里克和他的盟国也终于在一场大海战中被全部歼灭。

这个时候的哈拉尔德已经不同往日，他侵略扩张的野心极度膨胀，对周围的邻国进行疯狂的征服。当然，他的征服过程并不是所向披靡，虽然他的确占领了一些地方，但是当地人并没有在心里真正地归顺他。有的地方首领为了摆脱他的控制，带着自己的臣民在海外寻找新的领土，建立移民区，成为他们的殖民地。这些人最后迁移到了苏格兰群岛、法罗群岛和冰岛。

在挪威的编年史中有这样的话：“在那个时代，一切荒废的地方都变成了移民区，北欧本土如同掀起了一阵风暴，并席卷海洋，风暴所到之处，或者成为废墟，或者孕育着新生的力量。”

傲慢无礼的居达怎么也不会想到，自己的一句话，让多少无辜平民沦为哈拉尔德的刀下亡魂，给自己的王国造成了多大的灾难。她从小生长的那个王国不复存在，她的父亲也被杀害，而她自己的命运也十分不幸。在还没有娶居达的时候，金发王哈拉尔德就已经娶了好几个妻子，嫁给哈拉尔德之后，居达必须和其他几个女人一同分享国王的宠爱。后来，居达和其他几位妻子都被抛弃了，因为哈拉尔德另寻新欢，娶了一位丹麦公主。

爱情激起了哈拉尔德的雄心，使他称霸挪威，成就了一番惊天伟业。虽然哈拉尔德始乱终弃，没有将这份爱情进行到底，可是终究霸业已成，无论是在海盗历史中，还是在挪威的历史上，哈拉尔德都写下了浓墨重彩的一笔，成为挪威人长久铭记的国王。

挪威海盗欧洲侵略扩张的终结

公元 11 世纪左右，维京人的势力日渐衰落，不再像以前那样凶悍无比。同时，斯堪的纳维亚半岛经过 200 多年的移民，再加上政治的统一，生存压力已经逐步得到缓解。不过，新的问题接踵而来，其中最大的问题当属战争。那个时候，北欧的统治者们都在加强自身的统治，他们统治的区域划分也变得更加明确，彼此之间时常发生军事冲突，其中最为激烈的一次当属诺曼底征服战，发生的地点在英格兰。

当时，英格兰发生了一场王位争夺战。国王忏悔者爱德华去世以后，英格兰的王位由王后的哥哥哈罗德继承了，但是他的位置同时受到诺曼底公爵威廉和挪威国王哈拉尔三世的垂涎。在这场大规模的战争中，哈拉尔三世战死沙场，诺曼底公爵入主伦敦，成为英格兰国王。哈拉尔三世的死亡，意味着北欧海盗在欧洲侵略扩张的时代宣告终结，因此，他在历史上也被人们称作“最后的北欧海盗”。

哈拉尔三世在自己的人生早期，就已经离开挪威过上了海盗生活，俄罗斯、拜占庭都曾留下过他的足迹，后来，他返回自己的祖国挪威继承了王位，最后却战死在了英国。他的一生带有强烈的传奇色彩，可以说是波澜壮阔。他东征西讨的经历与北欧海盗永不满足的精神十分贴合。

哈拉尔三世是金发王哈拉尔德的后裔，他有一个同父异母的兄弟，名字叫做奥拉夫·哈拉尔德逊，大家称呼他为奥拉夫二世。对整个挪威进行有效的统治，奥拉夫二世可以说是第一人。

年轻的时候，奥拉夫二世是波罗的海海盗的一员，参加过 1009 年和 1011 年对英格兰的作战，后来又帮助英格兰抗击丹麦，并且在法国接受了基督教的洗礼。几年后，奥拉夫二世收复了以前被丹麦、瑞典占有的国土，第二年，他对挪威全境的统治正式开始了。

北欧海盗船

奥拉夫二世统治了挪威 19 年。统治期间，他积极推行基督教，并且颁布了一部宗教法典，这些政策都是强制性的，所以引起了一部分挪威人的反对。当时，统治英格兰和丹麦的是卡努特大帝，他企图征服挪威时，奥拉夫二世曾与瑞典人一起出兵抵抗，但是因为挪威的一些大酋长倒向了卡努特，致使奥拉夫二世在战争中失利，于是，他被迫流亡到俄国的基普避难。后来奥拉夫二世收复了挪威国土。但不幸的是，他后来在与丹麦进行的斯蒂克莱斯塔战役中兵败被杀。

当时，年仅 15 岁的哈拉尔三世也参加了这场战役，他和他的兄长并肩作战，共同抵御丹麦人的进攻。这次战役失败后，哈拉尔三世也选择了到俄国避难，基辅大公雅罗斯拉夫一世任用了他。因为他战功显赫，基辅大公把自己的女儿伊丽莎白许配给了他。

几年以后，哈拉尔三世成为了维京海盗的首领， 他受到拜占庭帝国的邀请，带领自己的人马来到地中海地区充当雇佣兵。刚开始的时候，哈拉尔三世四处征战， 他不仅为拜占庭帝国掠夺了大量的战利品，还为拜占庭帝国征服了希腊人、西西里人和其他不服从管教的人，立下了汗马功劳。

哈拉尔三世不同于普通的北欧海盗，他打仗的时候往往是依靠智谋取胜。因为他为人狡猾，所以周围的人多多少少都会对他产生疑虑。历经数次大战以后，哈拉尔三世又返回君士坦丁堡。此时，他的侄子马格努斯·奥拉夫逊成了新一任挪威国王，而这正是他夺取王位的千载难逢的好机会，于是，1045 年，哈拉尔三世回到了挪威。

在返回挪威的路上，哈拉尔三世首先去了瑞典，与伊丽莎白的堂兄结成了暂时的同盟，并且四处招兵买马。在哈拉尔三世强大的兵力面前，马格努斯国王终于做出让步，同意和他一起治理挪威，于是，他和自己的侄子同时登上了挪威王位。后来，两人一起对丹麦发动军事进攻，但是马格努斯不幸战死，哈拉尔三世便成为了挪威唯一的统治者。

哈拉尔三世登上王位以后，一些在当年抵抗丹麦的过程中支持卡努特从而导致挪威失败的挪威酋长们受到了残酷的镇压，然而，他最大的挑战并不是国内，而是来自国外。哈拉尔三世和其他的统治者一样，充满了觊觎其他王权的野心，因此在他统治的时间里，挪威和周边的几个国家的关系错综复杂。

在一次大海战中，哈拉尔三世打败了丹麦国王斯汶的军队，斯汶逃跑了。两年后，这两位国王握手言和，签了一份协约，以确保“两国古老的边境线”。但是，哈拉尔三世并没有就此停下扩张的步伐，时逢英格兰国王爱德华去世，哈罗德·戈德温继承王位，这给了哈拉尔三世一个夺权的好机会。

当时，哈罗德的哥哥托斯提哥对哈罗德当上国王很不服气，而诺曼底公爵威廉也对这个位置虎视眈眈，一场大战一触即发。为了让哈罗德的处境更加不利，托斯提哥有意让哈拉尔三世插足这场王位争夺战，在他的怂恿之下，哈拉尔三世终于经不住权力的诱惑，加入到了这场争夺英格兰王位的战争当中。他抱着必胜的信心率领军队在英格兰登陆，然而世事难料，在斯坦福德桥，他和他的军队受到了伏击，最终战死沙场。值得一提的是，虽然哈拉尔三世死去了，但是他的军队还是给哈罗德造成了巨大的打击，间接帮助了诺曼底人。一个月后，诺曼底人在亥斯廷斯战役中打败了英格兰人，英格兰王位易主。

斯坦福德桥一战，对于哈拉尔三世来说不仅仅是毁灭性的打击，而且也让北欧海盗的扩张野心收敛了许多。或许，当诺曼底人新的时代到来的时候，就已经预示着在英格兰和整个欧洲大陆，北欧海盗的时代一去不复返了。

波罗的海吕根岛上的海盗

吕根岛以风景秀美著称，每年都有大量的游客接踵而至，他们来到这里，为的是度假疗养。但是在8个世纪以前，这个地方的海盗十分猖獗。直至今日，每当挪威南部城市的居民提到当年吕根岛海盗的所作所为时，仍然心存忌惮。

吕根岛位于波罗的海，拥有广阔的海域和浅滩，是德国最大的岛屿。岛屿周围水流很急，岛上有许多石窟，人迹罕至；岛屿的西面是海峡，北面面对着东海。

直至今日，这里仍然是德国最人迹罕至的地方之一，几乎没有人在那里居住，一眼望过去，到处都是广袤的草原和森林。正是因为这里岛屿众多，波罗的海才吸引那么多的海盗来到这里，作为自己的藏身之地。

吕根岛

波罗的海北临斯堪的纳维亚半岛，那里是维京人的故乡。斯堪的纳维亚人向来以海盗为业，其海盗活动的历史十分久远。早在中世纪早期，这里就已经有许多维京人的海盗船只在海上游弋，抢劫过路的商人并劫掠周边各国的居民。

公元 9—11 世纪的这段时间里，波罗的海的海盗最为猖獗。这个时期，原来生活在斯堪的纳维亚半岛的维京人猛烈向外扩张，国家也逐渐形成。维京人的海盗故事早就名声在外，但是波罗的海的海盗不只有维京人，还包括其他民族的成员，如斯拉夫人。

斯拉夫人生活的区域主要集中在欧洲东部，靠近波罗的海西海岸。虽然与维京人相比，斯拉夫人的兴起稍微晚了一些，但是也是早期建立起国家的民族之一。这些国家为了争夺海上的控制权进行了激烈的斗争，这些斗争首先在海盗或商人团伙之间展开，规模不是很大，但是后来，竞争逐渐延伸到了国家层面。这是因为，基本上每一个重要的海盗团伙都是以主权国家作为后盾的，各国的统治者也明白，通过海盗活动可以实现自己许多的政治目的。

到了公元11世纪，维京人在波罗的海凶猛扩张的时代一去不复返，他们大部分已经与欧洲的其他民族融合在一起，而接替维京人走上海盗之路的，是居住在吕根岛的属于斯拉夫人部落的鲁基人和北方沿岸的斯拉夫人部落。他们从位于吕根岛和波罗的海北部的居住地出发，从事抢劫活动，并逐渐扩大规模，最远的时候，甚至到达过北海海域的西部地区。丹麦形成了统一的国家以后，曾与这些海盗展开了长期的斗争，虽然也取得了一些胜利，但是到了公元12世纪，丹麦的贸易活动还是不可避免地受到了海盗的影响。

不过，对于挪威人来讲，公元1136年发生的斯拉夫人海盗的抢劫活动才是最可怕的，那次的袭击被记录了下来，挪威人至今仍旧对它记忆深刻。那一天，斯拉夫人组成的海盗船队突然抵达挪威东海岸的康努卡哈城，他们有100多艘船只，海盗人数达到了1万人之多。挪威人怎么也不会想到，自己的祖先曾经以从事海盗活动而著称于世，现在却沦为其他海盗的猎物。面对这么多的海盗，全城的人都感到十分慌乱，没有人敢去救援停泊在海上的商船，那些商船最后只能全部束手就擒。这些海盗在截获商船之后，很快也把沿海地区给占领了，然后就开始进攻城市。所有的人都躲到了城里，斯拉夫人要求守城者投降，但是被拒绝了。于是双方陷入了消耗战。

守城的人一直没有放弃抵抗，斯拉夫海盗的消耗也很大，渐渐地，他们原本高昂的士气开始回落。当时，大部分的海盗都感觉攻破城池无望，想要撤退，但是他们最终被海盗首领说服，士气又一次被激发起来，发动了新一轮的攻击。这个时候，守城者也都已经变得疲惫不堪，粮草和武器也已经快没有了，杀伤力大为削弱。海盗们像发疯了一样发动进攻，城里的居民已经预感到无力回天，最后决定不再做任何的抵抗，希望通过如此，能够得到海盗们的宽恕。

然而他们的想法大错特错了。海盗们冲进来之后，洗劫了整个城市，并且烧毁房屋和建筑，有些建筑甚至被烧了 4 次，海盗们一直关注着火势，直到把建筑烧成了灰烬。海盗们烧死了自己不需要的居民，剩下的被当作奴隶卖到了南方。

整个波罗的海地区都遭到了斯拉夫海盗的袭击和劫掠，沿海城市、居民点和商贸船无一幸免。当时，斯拉夫人的一支——库尔尼人海盗完全摧毁了西格图纳城，这是瑞典东部的一座城市，曾经作为瑞典的政治中心和商业中心而存在。海盗的活动还使瑞典另一座城市无法经商，渐渐地走向衰落。最开始的时候，瑞典也以海盗著称于世，现在却拿海盗们没有办法。当然，海盗的抢劫活动带来了双向影响，斯拉夫人自己的商贸活动也遇到了困难，造成了极大的损失。

斯拉夫人的海盗活动虽然对波罗的海沿岸城市的发展带来了重创，但是也产生了一些意想不到的积极影响。这些海盗活动在客观上促进了德国人的崛起以及对他们毗邻地区的殖民运动，同时也在很大程度上刺激了封建骑士团的兴起，特别是汉萨同盟的建立。

海盗和汉萨同盟

与西欧的一些国家相比，北欧和中欧的世界文化遗产名录相对来说要少一些。然而，如果我们仔细看下这些城市的名单，就会发现一个奇特的现象：只要是某个城市与“汉萨同盟”联系在了一起，就会出现在名单当中。比如挪威的汉萨同盟贸易帝国重镇——卑尔根的布吕根地区、德国的汉萨同盟城市吕贝克、瑞典的汉萨同盟城市——维斯比等。

那么，汉萨同盟究竟是什么呢？汉萨同盟与这些国家的历史又有着怎样的联系？

在看地图的时候，我们就会知道，这些汉萨同盟城市分布的区域大都集中在波罗的海沿岸，换句话说，汉萨同盟最初成立的时候，与海洋的联系十分紧密，尤其是波罗的海。这不得不使我们联想到曾经在这里猖獗一时的斯拉夫人的海盗活动。这并非巧合，事实上，汉萨同盟成立的初衷就是为了应对海盗活动。

汉萨同盟城市

波罗的海地理位置十分重要，是贯通北欧的重要航道。它的海岸线蜿蜒曲折、海岛众多，拥有包括波的尼亚湾、芬兰湾、里加湾等在内的著名海湾，周边还分布着许多国家。

公元 12 世纪时，海盗在波罗的海上频频出没，日耳曼北部城市不堪其扰，海盗的活动已经严重影响了当地人的正常生活。面对如此糟糕的情况，这些城市不得不走向联合，因为只有如此，才能确保商业贸易的正常进行，自己的利益才能最大限度地得到捍卫。

吕贝克和汉堡有着共同的目标，首先缔结了同盟关系，不久之后，不来梅也成为了同盟的一分子，而其他城市也紧随其后纷纷加入，直到这个同盟涵盖了所有的波罗的海和北海比较重要的城市。这个同盟的名字就叫做“汉萨”，在德语中，它的意思是“联合”。

因为被誉为“汉萨女皇”的吕贝克最早发起建立汉萨同盟，所以，汉萨同盟建立起来以后，中心就设在了吕贝克。在此后的几百年里，吕贝克这座城市一直充当着盟主的角色。

在公元 13 世纪的欧洲各条道路上，土匪、路霸遍地都是，而在海上，海盗也十分猖獗，商贸活动受到了严重影响。由于汉萨同盟的主要贸易对象是波罗的海和北海地区，因此成立之后首先要处理的就是海盗问题。这就是为什么汉萨同盟在签订协议条款的时候，基本上都是围绕着海盗这一话题展开的，目的就是确保海路贸易的安全。

汉萨同盟通过的第一条法令的内容是这样的：每个城市都需要竭尽全力地确保海上安全，抵御海上的敌人，让船队能够自由、安全地从事贸易活动。另一条法令则规定：只要是属于汉萨同盟的货物，需要装在汉萨船舶上面。这些法令的制定借鉴了威尼斯，后来英国的航海条例又参照了汉萨同盟的航海法。

同盟各城市间的相互团结，为它们带来了许多利益。后来，同盟的制度更加完善，一些国家甚至建立了自己的海军。为了确保成员的贸易特权，汉萨同盟也制定了一些相关的政策，比如对同盟成员实施抢劫的人，不允许在汉萨贸易区从事商业活动；如果同盟成员受到了侵害，其他城市需要提供援助等。这些政策的实行，让汉萨同盟变成了一股极具影响力的政治力量。它虽然不是国家，也并非国家之间的联盟，但是它的外交权是独立的，比如丹麦国王企图对汉萨同盟进行管制，同盟就和丹麦的敌人瑞典联合在一起，共同将它打败。战败的丹麦被迫在合约上签字，同意将一个渔业基地租借给汉萨同盟 15 年，还给了汉萨同盟干预丹麦国王选举的权力。由此可以看出，汉萨同盟的影响力在当时是如何的举足轻重。

因此，汉萨同盟的成员数量出现了持续增长的态势，在向丹麦国王宣战的文书中，77 座城市都参与了签字。

汉萨同盟之所以能够发展壮大，还有一个重要原因是它能够给与之进行贸易的国家带来丰厚的利润。这些国家与汉萨同盟进行贸易往来，不仅为用不完的产品找到了出路，而且通过进出口税收，还可以让自己的国库变得充盈起来，因此当汉萨商人在一些国家设立代理的时候，受到了非常热烈的欢迎，并得到了这些国家提供的许多便利和利益。

在那个时候，英国在商业贸易领域几乎还是一片空白，没有什么经验，导致国家的对外贸易全部被汉萨商人垄断。这些商人在英国从事贸易活动时，使用的都是自己的商船，导致英国的航运业在当时十分衰落。

而那些来自科隆的德国商人和英国展开了长时间的贸易，后来，他们决定在英国设立代理处，这个代理处被命名为“天秤”，并且名盛一时。通过这个机构，英国大量输出自己的产品，同时换取别国的制成品，汉萨商人则带着各国的产品在不同的国家之间忙碌地穿梭。

公元 1272 年，汉萨商人把第 3 个代理处设在俄国的诸夫戈罗德，他们在这里用制成品换取毛皮、亚麻、大麻和其他原料；同年，第 4 个代理处出现在挪威的卑尔根，贸易货物主要是鱼和鲸油等渔业产品。

海盗对斯德哥尔摩的增援

在汉萨同盟的鼎盛时期，也就是公元 14 世纪晚期到 15 世纪早期这段时间，同盟城市的数量有 100 个左右，十分可观，但是这种情况并没有维持太久，很快，汉萨同盟就分裂成4个小的盟国，各盟国出于对自己利益的考虑，实施不同的政策，最终导致整个同盟分崩离析。

更可怕的是，随着时间的流逝，同盟内部的一些商业贸易竟然和海盗活动扯上了关系。同盟船上有些被雇佣来的水手，经不起巨额财富的诱惑，竟然与海盗相互勾结，私底下给海盗通风报信，为海盗的劫掠活动提供便利。这些水手选择与海盗坐地分赃，而不再履行自己的职责——缉拿海盗。

因此，新一轮的斗争在同盟与海盗之间再次展开了。在这场斗争中，海盗克劳斯·施托尔特贝克尔兄弟的势力是最为强大的，但他们的名声也是最具争议的。克劳斯·施托尔特贝克尔出生在德国，他的海盗舰队队伍十分庞大，经常出没于波罗的海海域。在谈到他们的时候，有些人非常惧怕，但是也有一些人称呼他们为“海上的罗宾汉”，因为他们时常把从富人那里抢劫来的财产送给穷人。

公元14世纪下半叶，虽然维京人已经不如从前那么凶猛，但是以克劳斯·施托尔特贝克尔兄弟为代表的北欧海盗活动却在不断增加，他们独立进行劫掠，给汉萨同盟的贸易船只造成了极其严重的损失。在北欧水域，只要遇到海盗船，贸易船只要么仓皇逃离，要么束手就擒，因为如果贸易船只进行反抗，海盗们就会施以更加残忍的惩罚。贸易船只表现出来的恐惧让海盗们感到十分自得，他们甚至自称是“上帝的朋友和全世界的敌人”。

公元1389年，玛格丽特女王统治着丹麦和挪威两个国家，这位女王极具野心，有着强烈的扩张征服的欲望，当瑞典因为继承权而产生纠纷时，她就想乘机入侵瑞典。不过，瑞典人当然不会坐以待毙，在罗斯托克和维斯马城的支持下，斯德哥尔摩对丹麦人的入侵予以猛烈的反击。

当时，许多日耳曼商人居住在斯德哥尔摩城里，他们曾经受到瑞

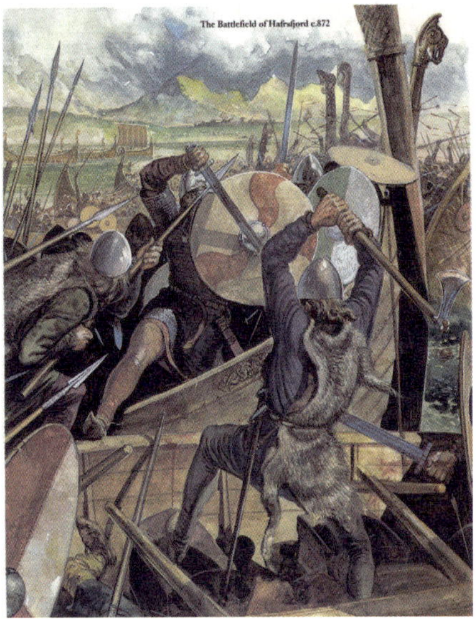

维京人

典国王的保护，在商业贸易上拥有一定的特权，为了不让自己的这些特权丧失掉，他们也加入到反抗的行列当中。他们和当地群众紧密团结，共同与玛格丽特女王的军队展开斗争。

玛格丽特女王也不是泛泛之辈，她运用了"坚壁清野"的策略。从 1389 年春天起，丹麦人的周围农村不再向瑞典提供农产品，对他们形成了包围圈，并且持续了 3 年。被围困在斯德哥尔摩城里的瑞典人没有吃的，也没有喝的，海上通道是他们唯一的生路。这个时候，被围困的日耳曼人冒着生命危险把一封封信件送到德国的吕贝克，把所有人的希望都押注到了吕贝克这座汉萨同盟的发起城市身上。

吕贝克被寄予厚望是有原因的，它是德国唯一一个靠近北海和波罗的海的联邦州，这个地方最早的一座城堡建于公元 9 世纪初期，人称"老吕贝克"。公元 1226 年，神圣罗马帝国皇帝弗雷德里希二世把它列为自由城邦，行政级别相当于现在的直辖市，直接归中央管辖，不受地方行政支配；在经济上，吕贝克则更像是经济特区或自由贸易港，税收和交通等方面有许多宽松的政策。这让区位优势本来就很明显的吕贝克的海上贸易事业变得更加繁荣。

公元 1241 年，吕贝克和汉堡联手成立汉萨同盟以后，它就承担起了商业中心的角色，拥有巨大的影响力。公元 1358 年，汉萨同盟的总部设在了吕贝克，在当时的欧洲有着无法撼动的地位。随着汉萨同盟逐步走向强大，政商界人士对它也开始青睐有加。公元 1375 年 10 月 20 日，吕贝克迎来了德意志皇帝卡尔四世与皇后伊莎贝拉，并被赐名为“圣城”，让它成为了一个与罗马、威尼斯、比萨和佛罗伦萨齐名的城市。

吕贝克的名声变得越来越大，海上贸易往来越来越频繁， 它积极开拓自己的航海事业，加紧与周围国家和地区的贸易联系，并在许多地方设立了办事处，编织了一张几乎覆盖全球的商业网。

与此同时，作为一个商业中心，海盗对吕贝克的侵蚀也越发严重，使吕贝克当局不得不训练军队来应对海盗们的威胁。因为要长期与海盗作战，所以吕贝克组织了一支常备军，并与其他的城市建立起了严密的军事联系。

正是由于这个缘故，那些被围困的瑞典居民才不断地请求吕贝克对他们进行援助。吕贝克当然不会坐视不理，为了对斯德哥尔摩表示支持，它以最快速度与罗斯托克、易宾、但泽、格莱夫斯瓦尔特、雷维尔、施特拉尔松、图恩和维斯马等城市结成了同盟，一起承担起了解除斯德哥尔摩之围的责任。

这个时候，梅克伦堡公爵以瑞典国王的名义发布了一个公告，宣布会给援助斯德哥尔摩的海盗提供特许证。这个特许证让很多北方的海盗船长突破了防线，给缺衣少食的斯德哥尔摩居民带来了必需的食品，由此孕育出了海盗们所谓的“粮食兄弟”联盟。这个联盟的成员组成部分十分庞杂，既有古老的贵族和瑞典国王的亲属，还包括那些自称为“均贫富者”的海盗。

克劳斯·施托尔特贝克尔作为当时著名的德国海盗首领，和吕贝克当局也有着千丝万缕的联系。当他接到吕贝克的求援信和斯德哥尔摩发布的公告之后，立刻表现出了自己仗义仁慈一面，他表示，即使冒着生命危险，也要把粮食送到斯德哥尔摩守城者那里。

此时的斯德哥尔摩已经朝不保夕，丹麦人随时都有可能攻进城来。就在城里的居民快要走投无路的时候，他们获得了吕贝克的支持。命悬一线之际，克劳斯·施托尔特贝克尔率领的海盗船队“从天而降”，给他们送来了粮食。

海盗团伙的“合法证书”

斯德哥尔摩的港口突然出现了汉萨同盟舰队和克劳斯·施托尔特贝克尔领导的海盗舰队两支援军，把丹麦人给吓坏了。

其实，与丹麦人相比，克劳斯·施托尔特贝克尔的海盗船并不占优势，只能依靠智取。于是，克劳斯·施托尔特贝克尔采取了突然袭击的战术，这让丹麦人始料未及，他们仓促应战，结果可想而知。

在战斗中，海盗援军分成了两路，一支舰队与丹麦舰队厮杀，另一支给城内运送粮食和武器。守城者得到援助之后，重整旗鼓，从城内冲杀出来，他们与援军相互配合，很快就突破了包围圈。面对三股

斯德哥尔摩

势力的进攻，丹麦舰队慢慢地承受不住了，丹麦女王看到情况对自己的军队不利，不得不下达了撤退的命令。

斯德哥尔摩的包围圈终于被解除了，人们欢欣鼓舞，庆祝胜利。他们当然不会忘记感谢在危急时刻施以援手的克劳斯·施托尔特贝克尔船长，他也因为这次救援而被载入史册。

瑞典王室为了表达谢意，向克劳斯·施托尔特贝克尔的船队颁发了一种特殊的“海盗证书”，有了这份证书，他们从事海盗活动便不再受到法律的约束。此后，克劳斯·施托尔特贝克尔在海盗中声名远扬，越来越多的人来投靠他。

公元1392年，克劳斯·施托尔特贝克尔的海盗事业发展出现了巨大的转折。这一年，他们占领了哥得兰岛，这个岛位于波罗的海之上，虽然面积并不算很大，但是足以保证他们的人身安全，更重要的是，这个岛还是海上交通的咽喉要道。因此，“粮食兄弟”的参与者们把这里作为自己的基地，开始把他们的组织按照“国家”的形式发展下去。

从此以后，克劳斯·施托尔特贝克尔海盗集团的大本营就设在了瑞典东南海岸的哥得兰岛。各种各样的“人物”很快聚集到了这里，这些人大多来自于社会的底层，几乎包括了欧洲所有国家的人，如瑞典人、挪威人和法国人等，他们最终形成了一个独特的海盗组织。

这个海盗组织的规模很庞大，克劳斯·施托尔特贝克尔延续了海盗“前辈”的传统，对组织实施严密的控制。在组织内部有着十分严明的纪律：除了俘虏以外，不准有妇女存在，是一个完全的男性社会；海盗的船长有着很大的权力，船员必须服从他的命令，如果严重违背了船长的意志，将会被处死；成员们如果要进行分赃，要统一运到这个岛上。此外，他们还要求哥得兰岛上的土著居民交贡纳赋，但是很轻。这些海盗有时充当商人，会用抢来的东西与别人进行交换或售卖，有时甚至会跑到合法主人所在的区域进行交易。

过了没多久，克劳斯·施托尔特贝克尔的势力变得更加强大，成为许多走投无路的海盗的理想选择。他们我行我素地进行劫掠，每次劫掠都会给地方当局带来很大的震动和损失，但是由于有了“合法证书”这把保护伞，地方当局拿他们也没有办法。不过，人的忍耐是有限度的，终于人们再也忍受不了海盗们的行径，当局宣布克劳斯·施托尔特贝克尔船长不再受到法律保护，任何人都可以把他杀死。为了震慑这群海盗，当局还专门聘请了缉捕海盗的能手，但是经过几个回合的较量，最后的结果都是无功而返。这让克劳斯·施托尔特贝克尔的名气变得更大了。

克劳斯·施托尔特贝克尔对当局派来抓他的人一点也不留情面，只要这些人不幸落到他的手中，必定会被处以极刑。一次，几名海盗成员被北欧港口城市维斯玛尔的市议会抓获，为了解救战友，克劳斯·施托尔特贝克尔船长和助手米霍尔松决定铤而走险，用十分薄弱的力量对维斯玛尔港发起进攻。于是，维斯玛尔市议会和关押其同伙的监狱遭受了海盗们的突然袭击，被捕的几名同伙自然也被解救走了，等到汉萨同盟的救援舰队赶来时，海盗的船队已驶入茫茫大海，早就不见了踪迹。克劳斯·施托尔特贝克尔之所以敢这么明目张胆，和普通百姓对市议会充满敌意、对海盗却十分同情的心态有着莫大的关系。

到了公元 1393 年，这些海盗变得更加强大。那一年的 4 月，他们竟然冒着风险进攻卑尔根，这是挪威南部一个十分富裕的贸易城市，是当时挪威的商贸中心。当地的民众因为憎恶权贵，对海盗进行声援，给他们提供了许多帮助。在民众的帮助下，这座港口城市被海盗们迅速占领，汉萨同盟在卑尔根的办事处和城内许多建筑也被付之一炬。

他们即将撤退时，还抓走了许多卑尔根的显贵人物，在勒索了大量的赎金后才把他们放了回来。

前面我们曾经提到，汉萨同盟制定了一些以清除海盗为目的的政策，他们确实取得了一些成绩，但是始终都没能把海盗完全地根除掉，相反，海盗活动的势头变得更加凶猛。在那时，如果一艘船想要安全地通过丹麦海峡，就必须向海盗交钱，否则就很可能性命难保。当卑尔根被海盗占领和焚烧之后，海盗们还疯狂地劫掠在北海捕捞的渔民。他们的这一系列行为对商业贸易和捕渔业都造成了巨大的冲击。

海盗船长克劳斯·施托尔特贝克尔的传奇经历

以哥得兰岛作为据点的海盗们在克劳斯·施托尔特贝克尔的带领下，变得越来越猖狂，使北海和波罗的海沿岸国家深受其害，因此，他们不得不走向联合，整合所有的军事力量来对付这些海盗，以维护自己的利益。于是，当时的丹麦女王和英国国王决定联起手来，共同打击海盗。但是，让人没有想到的是，他们的第一次讨伐竟然是以失败而告终的。至于他们究竟是为什么失败的，历史上并没有详细的记载，只是说海盗们取得了胜利。

这个时候，汉萨同盟同样也因为海盗问题倍感头疼，海盗的“合法化”让他们吃尽了苦头，于是，汉萨同盟各个城市组织了第二次的征讨。这次行动一共派出了 35 艘战舰，3000 多名骑士。但是这次行动同样是无功而返，没能达到预想的战果。

随着时间的推移，波罗的海的力量开始发生了微妙的变化，逐渐朝着不利于海盗的方向发展。这个时候，丹麦女王玛格丽特觉得，既然汉萨同盟没有办法将海盗们消灭掉，那么他们就只能借助于外在力量，于是，她想到了十字军骑士团，而这一招起到的效果几乎可以说是立竿见影的。说到这里，我们必须明白，汉萨同盟只是商人组织起来的，而十字军久经沙场，能征善战，两者在战斗力方面有着天壤之别。而且那个时候的十字军骑士团正处于巅峰时期，他们拥有身经百战的军人和强大的舰队。

公元 1398 年，波罗的海各国终于把十字军骑士团请了来，并且很快就向哥得兰岛发动了攻击。克劳斯·施托尔特贝克尔船长指挥着自己的手下应战，但是他们面前的对手十分凶猛，海盗们很快就坚持不住了。克劳斯·施托尔特贝克尔知道这次自己遇见了强敌，于是吩咐手下撤退，并把所有财物全部装走。这些离开波罗的海的海盗隐藏到了北海地区，占领了现在属于德国的黑尔戈兰岛，他们把这座岛屿打造成了非常坚固的堡垒，作为新的基地。

黑尔戈兰岛

黑尔戈兰岛的正对面是易北河河口，处在河海交汇的地方。这个岛虽然面积不大，但是地势险要，易守难攻。海盗们凭借着地理优势，继续与汉萨同盟周旋。但是这个时候，汉堡和不来梅已经成长为汉萨同盟的两个实力强大的港口城市，它们的经济和军事实力已经远远地超过了过去。他们自认为力量强大，就没想过与海盗们展开合作，采取的政策也多与海盗针锋相对，就算海盗们主动提出讲和，也都遭到了他们的拒绝，他们不允许海盗在他们面前耀武扬威。公元 1401 年的夏天，正当施托尔特贝克尔和他的同伙驾驶着海盗船在北海航行时，突然冒出一艘英格兰商船，这艘商船不但没有躲避他们，而且主动发起了攻击。被激怒的海盗们决定给这艘船一点颜色看看。

但是这一次，施托尔特贝克尔的判断出现了错误。他们面对的并非真正的商船，而是伪装成商船的战舰。这艘战舰不但装备精良，配备了 8 门崭新的火炮，而且船上的士兵也个个训练有素。当克劳斯·施托尔特贝克尔发现情形不对，打算撤离的时候，已经来不及了。

这艘英格兰战舰追上了海盗们的船只，并用液态铅固定住船上的舵桨，这样一来，海盗船就再也没有办法移动了。战舰随即发威，凶猛地撞向了海盗船，接着，战舰上的士兵又用铁抓篙把两艘船连在一起，展开了一场激烈的肉搏战。

施托尔特贝克尔和他的手下们自然不想进行这样的殊死搏斗，因为双方的实力实在是相差太多了。但是事情并不由他们说了算，在这场搏斗中，不少人被当场杀死，还有大部分人被活捉，其中就包括克劳斯·施托尔特贝克尔本人。

战斗结束以后，据统计，有 40 名海盗在战斗中死亡，剩下 73 名则被逮捕。过了没有多久，克劳斯·施托尔特贝克尔被送回了他的老家德国，并在那里被判处了死刑。

克劳斯·施托尔特贝克尔和他的海盗兄弟们行刑的时间是 1401

年 10 月的一天，地点是格拉斯布鲁克。当时，所有的海盗都提出要穿着最好的衣服走上刑场，因为这毕竟是他们人生中的最后一段路途了。

据说，一个叫森费尔德的刽子手杀死了克劳斯·施托尔特贝克尔。在最后的时刻，施托尔特贝克尔向汉堡的议员提出请求：他愿意捐献自己所有的财富，以换取所有海盗的自由。不过，他的这个要求被议员们果断拒绝了。于是，施托尔特贝克尔又提出：如果我被砍头后还能绕着我的海盗兄弟们走一圈，那么就请免除他们的死刑。但是，这第二个请求也被议员们拒绝了，要知道，他们对海盗可是恨之入骨。

克劳斯·施托尔特贝克尔就这样结束了自己血腥而又传奇的一生。之后，其他海盗也纷纷人头落地。还有一些罪不至死的海盗则被烙上烙印，有的在监狱里饱受折磨，还有的被流放到远方做苦役。

海盗船长的宝藏之谜

克劳斯·施托尔特贝克尔虽然被处死了，但是关于他的故事却远远没有结束——确切地说，是关于他藏起来的宝藏的故事。

克劳斯·施托尔特贝克尔至死也没有透漏自己藏匿财宝的地点。当时，汉堡的议员们认为只要采取一些手段，终会找到宝藏的，但是事实证明他们的想法大错特错了。虽然很多人花费了大量的时间和精力来寻找这笔财富，但是直至今日，它们仍然下落不明。

人们后来才知道，这笔财富被藏在了桅杆当中。施托尔特贝克尔死后没多久，一个渔民买下了他的海盗船“红色魔鬼”，这个渔民本想把船拆解之后当柴烧掉，但是当他锯开桅杆的时候，却发现了大量的金币。这个渔民胆子很小，他并没有把宝藏留下来，而是找到一个

维斯比

秘密的地方，把藏有财宝的桅杆给埋了起来。

从此，施托尔特贝克尔的宝藏便长眠地下。根据一些线索，人们猜想施托尔特贝克尔的“海盗宝藏”大概藏在了这 6 个地方：哥得兰岛的维斯比、波罗的海的乌泽多姆、吕根岛、费马恩城堡、马林哈弗的圣母教堂、离圣母教堂不远处的一个小农庄。

在这 6 个地方当中，哥得兰岛的维斯比找到宝藏的可能性最大。首先让我们来看一下它：维斯比城的地理位置十分险要，它的建筑也很有特点，在北欧全部的城市当中，它的城墙是最为坚固的，也是最为高大的，非常不容易被攻破，是一个防御性很好的城市，海盗选择这里隐藏宝藏也是理所当然的。

公元 1396 年，克劳斯·施托尔特贝克尔率领着他的海盗同伙占领了维斯比。公元 1398 年，十字军骑士团向维斯比发起攻击，克劳斯·施托尔特贝克尔船长不得不离开这个地方。

维斯比有许多教堂。教堂是基督徒心中不可侵犯的圣地，没有人敢任意践踏，因此有人认为，在公元 1398 年十字军骑士团攻打哥得兰岛，克劳斯·施托尔特贝克尔被迫率领着他的海盗团伙进行撤离的时候，他很可能为了不让自己的宝藏被发现，而把装有金银财宝的箱子埋藏在了维斯比某个教堂或修道院的地下深处。

也有人认为克劳斯·施托尔特贝克尔可能把他的“金锚链”和其他财宝隐藏在了波罗的海的乌泽多姆岛上。因为根据当地的岛民所说，岛上的某处隐藏着两个巨大的秘密：一个秘密是通往山峡的，另一个秘密是飞往太空的。第一个秘密说的是一条很深的峡谷，峡谷陡峭异常，有许多奇特的洞穴，根据岛上居民的说法，在过去，这条山路通向海盗的藏身之所。所以有人认为，施托尔特贝克尔的宝藏有可能隐藏在某个洞穴当中。

至于另一个秘密，则是现代人制造出来的，而且它曾经是德国的最高机密。正是在这个小岛的附近区域，德国人开始进行向太空迈进的尝试。许多人都知道，世界上第一枚液体火箭是“美国火箭之父”戈达德在1926年3月试验成功的，但是鲜为人知的是，现代火箭的起源地是德国，德国的第一枚火箭就是在这里飞向太空的。

还有一个地方是吕根岛。这个岛屿位于德国北部的波罗的海之上，有一座桥梁与大陆相连。了解第二次世界大战历史的人对吕根岛不会陌生，当年，希特勒曾经命令自己的部队在这里大兴土木，打算打造出一个世界旅游胜地。这个岛屿上有很多山洞，在历史上曾吸引了大批海盗在这里藏身和歇脚，因此，这里有段时间被叫做“海盗湾”。

费马恩城堡是第4个地方。费马恩城堡位于费马恩岛，属于德国的一个州，它是波罗的海西南部的一个岛屿。这个地方的地貌不仅奇特，而且随处都能看到古堡和森林，特别是在风景秀美的小乡村，过去的君主和统治者居住的皇宫、修道院以及教堂和城堡散落在茂密的森林中。近些年来，寻宝者在这个地方的城堡里发现了一些残缺的工事，建造年代与城堡并不吻合，好像是在汉萨同盟和克劳斯·施托尔特贝克尔的时代建造的，于是有人根据这个做出推断，那里可能最适合海盗藏宝。

位于马林哈弗的圣母教堂是第5个地方。这座教堂历史悠久，它的钟楼有60多米高，公元14世纪时，这里是海盗们最喜欢的栖身场所之一，同时也是克劳斯·施托尔特贝克尔经常光顾的地方。有人认为，也许海盗们把他们的宝藏放在了圣母教堂钟楼里的某个地方。

最后一个地点是离圣母教堂不远的一个小农庄。从12世纪开始，这个农庄突然变得十分富裕，而且原因不明。后来，克劳斯·施托尔特贝克尔娶了农庄主人的女儿，施托尔特贝克尔有时就住在他的岳父家。有些人根据这些进行推测，这个农庄是依靠海盗赠送的财宝才突然富裕起来的。那么，他的宝藏也许就藏在这里。

许多年来，无数的探险家和冒险家们蜂拥前往上面所说的地方寻找传说中的海盗宝藏，他们究竟搜索了多少次，已经没有人可以数的清了，但遗憾的是，这笔宝藏始终没有被找到。克劳斯・施托尔特贝克尔的一生波澜壮阔，死后留名青史，在他的身上，不仅发生过许多传奇的故事，还留下了不少未解之谜。

Part 3

纵横于阿拉伯的海盗

说起阿拉伯海盗，许多人会产生疑问：阿拉伯也有海盗吗？但是，当提起巴巴罗萨兄弟的时候，你就不会感到陌生了。巴巴罗萨兄弟常年驰骋于地中海地区，劫掠过往船只，他们还建立了阿尔及利亚王国。在奥斯曼土耳其帝国的庇护下，他们更加肆无忌惮。他们能征善战，为自己积累了大量的财富，也有许多堪称传奇的故事。

巴巴罗萨与土耳其海盗时代

2002年4月11日上午，突尼斯发生了一起自杀性袭击的爆炸事件，地点位于突尼斯南部的杰尔巴岛，突尼斯官方报纸报道了这一事件。报道称，人行道上突然冒出了一辆运油车，之后撞上了格里巴教堂的围墙发生了爆炸，最终酿成了19人丧生的惨剧，其中的14人为德国公民，他们是来这里旅游的。

6月23日，卡塔尔半岛电视台播报了恐怖组织发言人吉斯的讲话录音。吉斯宣称，基地组织对这次的爆炸事件负责。因为这件事，突尼斯总统本·阿里撤换了内政部长和主管国家安全的负责人的职位。

杰尔巴岛因为发生了这件事，才让更多人知道了它的名字。这个岛是一个著名的旅游胜地，从空中对它进行俯瞰，就像是一颗璀璨夺目的明珠镶嵌在地中海的岸边，每年都有来自世界各地的人到这里观光度假。

杰尔巴岛

但是，如果时光倒流几百年，相信就不会有这么多的游客蜂拥而至了，因为这里曾经是一个恐怖的地方——那个时候，这里是地中海最大的海盗集团的根据地，被人们称为“海盗的乐园”。也可以这么说，几个世纪以来，这里不仅仅记录着北非的战争史，而且与地中海海盗关系密切。杰尔巴岛上的这次大爆炸，让它得到了整个世界的关注的同时，也让人们回想起了一位让人生畏的人物，他就是杰尔巴海盗之王——巴巴罗萨。

那么，杰尔巴岛究竟是如何成为“海盗的乐园”的呢？巴巴罗萨又是怎样获得海盗之王的称号的呢？这要从公元 14 世纪上半叶说起。

那个时候，奥斯曼土耳其帝国开始逐渐壮大，不断地向外征伐。到 16 世纪中叶，奥斯曼帝国已经拥有了横跨亚欧非三大洲的广阔疆域。在非洲，从阿尔及利亚到的黎波里之间的海岸线都一直牢牢控制在土耳其的海上势力的手中。

这段时期里，北非盛极一时的哈夫斯王朝开始走向衰落，许多小的封建王朝在它曾经统治的地方诞生，这些小王国大多分布在北非地中海沿岸的的黎波里、突尼斯、阿尔及尔等港口。实际上，在这些王国还没有建立的时候，这一带就已经聚集了许多冒险主义者进行海盗活动，他们开发并占据了一些港口作为自己的基地，从此，北非地区的海盗活动就开始多了起来，这些海盗还获得了土耳其的保护，因为土耳其想要利用这些海盗为自己的侵略扩张服务。

在 15—16 世纪，地中海地区刮起了一阵血雨腥风：欧洲信奉天主教的列强们同信奉伊斯兰教的土耳其帝国之间在这里展开了你死我活的争斗。土耳其海盗打着宗教的旗帜同土耳其帝国结成联盟，成了地中海沿岸地区的一个噩梦，他们袭击西班牙、意大利和法国的南部沿海地区，抢劫船上的财宝，对船上的富人索要高额赎金，把穷人当作奴隶卖掉。在这些海盗中，就包括心狠手辣而又胆大包天的巴巴罗萨兄弟。

巴巴罗萨的第一次劫掠是在公元 1504 年的春天，这次劫掠让他一举成名，因为他劫掠的对象不是别人，而是罗马教皇尤利乌斯二世的船只。尤里乌斯二世是当时欧洲最富有、收藏艺术品最多的人，这艘船上也的确有许多价值连城的宝贝。但是教皇的船只装备精良，又有教皇无人可及的权威做后盾，巴巴罗萨第一次劫掠就敢选定这样的船只，可见他的胆量之大。

当时，罗马教皇的两艘船从意大利的热那亚出发，向另一个城市运送货物。途中，他们发现自己被一艘并不大的船跟随了，但这并没有引起船员们的足够重视。在他们看来，胆敢挑战教皇权威的人是不存在的，即使是海盗也要退避三舍。然而不久之后，他们就为自己的轻敌付出了沉重的代价。

很快，这艘来历不明的船只就迅速向教皇的船只靠拢，当船员们看清对方船上裹着头巾的强盗时，才意识到对方是土耳其海盗，他们真的打算抢劫教皇的船只。船员们并没有多少斗志，他们采取的措施是加速航行以摆脱对方。但是海盗们向教皇船只抛出了带钩的缆绳，就这样，一艘教皇船成为了海盗们的囊中之物。可是，这群海盗并不满足，他们知道还有另一艘教皇船正在后方不远处缓缓驶来。

于是，海盗们把船员关进船舱，并脱掉船员的衣服假扮成船员，同时放慢船速，等待第二艘教皇船的到来。第二艘教皇船如预期中的那样姗姗而来，并且没有一丝防备。当两艘船靠得足够近的时候，海盗们立刻发起了进攻，第二艘教皇船的船员们甚至还没反应过来发生了什么，就成了海盗们的俘虏。

巴巴罗萨的第一次劫掠活动就以胜利而结束，罗马教皇尤里乌斯二世听到消息之后，大为恼火，并下令马上追查。过了没有多久，就查明了情况：这次的海盗活动是巴巴罗萨发动的，汇报人员还向教皇详细讲述了巴巴罗萨的经历。教皇听完以后，感到力不从心，也只能下令漫无目的地寻找巴巴罗萨兄弟的身影。

这次劫掠成功以后，巴巴罗萨的气焰就更加嚣张了，直到有一天，他们对整日漂泊的生活感到厌倦，就想着找一块地方定居下来。于是，他们向突尼斯总督提出了请求，作为交换的条件，他们承诺会向突尼斯总督上交一些自己的战利品。突尼斯总督看到自己有利可图，竟然同意了这笔交易，把突尼斯的近海小岛杰尔巴岛割让给海盗。

有了突尼斯总督的支持和保护，海盗们的势力和胆子更加壮大了，甚至把"魔手"伸向了西班牙船只。他们的活动挑战了西班牙舰队在地中海地区的霸权地位，西班牙人感到十分恼火，于是，国王费迪南决定建立一支远征军，对海盗们进行打击。过了没有多久，海盗们的据点奥兰、布日伊和阿尔及尔等一些地方被西班牙舰队占领了，为了彻底铲除海盗活动的社会基础，西班牙舰队焚烧了这些城市，城里的居民则作为贡赋带走。西班牙人还在北非阿尔及尔港外控制了佩尼翁岛，在这个岛上构筑了一座坚固的要塞，派军队在此驻扎，作为西班牙在阿尔及尔港外的门户，以监视和进行打击海盗的行动。

对于西班牙军队来势汹汹的攻势，巴巴罗萨不动声色地躲藏在一个据点观察着，他想要找准时机，给西班牙军队以致命一击。他向突尼斯总督做出了承诺，一定要把西班牙舰队那帮人赶出北非。为了兑现这个承诺，巴巴罗萨决定走出据点，主动出击。然而他的这个决定过于冲动了，兵力的悬殊让他在战争中损失惨重，其中就包括他的左臂。

这次教训让巴巴罗萨清醒了许多，他不再鲁莽，并且意识到突尼斯已经不安全了。于是，他离开了突尼斯，找到一个小岛作为自己的基地。巴巴罗萨还改变了战术，有意避开西班牙的军事力量，在其他地方进行海盗活动，每次都是满载而归。于是，他的势力逐渐得到恢复，许多海盗纷纷投到他的麾下。

公元 1516 年，西班牙国王费迪南去世了。他的去世不仅在国内引发了混乱，还让阿尔及利亚的居民找到了摆脱西班牙控制的机会，他们在阿拉伯人萨里木・图米的带领下发动了农民起义。不过，萨里木认识到自己势单力薄，很难成就大事，于是向巴巴罗萨请求支援。对于巴巴罗萨来说，这是打击报复西班牙海军的绝好机会，于是同意了萨里木的请求，双方很快结成了联盟。起义者和海盗们齐头并进，一起冲击西班牙人占领的城市，西班牙人不得不撤退到佩尼翁岛上，困守在要塞里。特别值得一说的是，西班牙军队依靠着顽强勇敢的斗志，在海盗们的包围下，竟然坚持了 13 年之久。

巴巴罗萨虽然给萨里木提供了许多帮助，但是最后，胜利的果实却被萨里木一个人独占了。萨里木当上了阿尔及尔的国王，还住着奢华的宫殿，对此，巴巴罗萨感到非常不高兴，于是他就想要报复萨里木。一天，巴巴罗萨若无其事地来到了萨里木的宫殿里——对这位海盗同盟者，萨里木宫殿的所有大门都是敞开的。巴巴罗萨找到萨里木以后，竟然掐死了他，然后自立为阿尔及尔王，史称巴巴罗萨一世。于是，北非的第一个海盗国家诞生了。

再来说一下西班牙的情况，费迪南死了之后，查理五世继承了王位。当他得知巴巴罗萨自立为王的时候，便决定对海盗们展开更大规模的讨伐。

公元 1518 年，西班牙人对海盗发动了一轮猛烈的进攻，在西班牙贵族卡玛雷斯利的指挥下，西班牙军队夺取了阿尔及利亚的一座城市，对巴巴罗萨的队伍产生了迫在眉睫的威胁。于是，巴巴罗萨被迫率领手下的海盗们撤离，当他们撤离到特莱姆森时，决定利用周边环境突袭西班牙追兵，但是直到这时，巴巴罗萨才发现跟着他逃出来的海盗竟然只有约 1500 人，这样的力量显然是无法对抗西班牙军队的。为了保存实力，巴巴罗萨不得不继续撤退。但是，令巴巴罗萨恼羞成怒却又无可奈何的是，西班牙人丝毫没有停止追击的意思，而是将巴巴罗萨的队伍逼到了萨拉多河边。

本来，巴巴罗萨已经顺利地渡过了萨拉多河，但是上岸后他才发现，掩护他渡河的队伍已被西班牙军队包围，陷入绝望的苦战之中。手下的勇敢和忠诚打动了巴巴罗萨，他决定返回对岸与手下并肩战斗——决战的时刻来临了。

其实，巴巴罗萨很清楚当时的局势，这注定是一场无法获胜的战斗，返回对岸就等于是死路一条。但是巴巴罗萨既不想辜负阿尔及利亚王的称号，也为了给手下争取生存的机会，他的双脚第二次踏入了萨拉多河。

双方激战了好几个小时，胜利毫无悬念地属于西班牙人。战场上血流成河，西班牙人在里面发现了巴巴罗萨的尸体。

海雷丁建巴巴罗萨二世王朝进入海盗全盛时代

巴巴罗萨死了以后，他的兄弟海雷丁建立了巴巴罗萨二世王朝。与巴巴罗萨比起来，巴巴罗萨二世更加聪明、狡猾。他认真分析了巴巴罗萨失败的原因，最后得出结论：一个原因是巴巴罗萨为了逃避缴纳贡赋而与奥斯曼帝国断交；另一个原因就是看轻了西班牙海军的力量。于是，他决定与奥斯曼帝国重修旧好。

有了奥斯曼帝国国王作为自己的靠山，巴巴罗萨二世就没有了后顾之忧，他的军事力量也得到了壮大，并且吸引了许多的海盗加入到自己的队伍当中来。摩尔人也投入到他的麾下，成为了他的同盟。

巴巴罗萨二世将自己的海盗舰队投放到地中海的各个地方，利用一切打劫过往船只的机会获取战利品。沿岸城市和乡镇几乎都遭到过他们的洗劫，所到之处，一片瓦砾。当然，巴巴罗萨二世并非天不怕地不怕，他也有担心的事情，那就是自己还没有一个可以永久安身的陆上基地。后来，他想到了卡斯巴哈城堡。主意打定之后，他就把这里打造成了海盗舰队的主要停靠地。

当时的奥斯曼帝国正值如日中天的黄金时代，苏里曼一世在位的时候，奥斯曼帝国的对外扩张更是达到了顶点。在苏里曼一世征伐他国的过程中，巴巴罗萨二世发挥了很大的作用，为了嘉奖他，苏里曼一世封他为海军大将。后来，巴巴罗萨二世占领了阿尔及尔，当上了阿尔及尔的总督，这是他梦寐以求的。此后，巴巴罗萨二世带领着奥斯曼帝国的舰队，多次打败了教皇组织的联合舰队，屡立战功。

时光荏苒，转眼之间，巴巴罗萨二世在夺得阿尔及尔政权已 15 年后，不仅有了财富，还有了名望。虽然他年事已高，却仍然想要享受爱情和女人。为了得到一个名叫朱莉亚的贵妇人，他甚至对她所在的城市发动了战争，结果却是无功而返。

公元 1534 年，巴巴罗萨二世占领了突尼斯港口，这让西班牙国王感到如芒在背，总想要把他们给一网打尽，于是，他派出自己的海军进行清剿，但是每次和海盗们交手，都没有占到什么便宜。

公元 1535 年，西班牙终于胜利了一次。为了泄愤，巴巴罗萨二世抓了许多俘虏献给苏里曼一世，苏里曼为了褒奖他，除了授予他海军大将的头衔，还任命他为非洲大诸侯。这个时候，巴巴罗萨二世的权势可以说是达到了顶峰。

为了打击奥地利的哈布斯堡王朝，奥斯曼帝国打算与法国结成联盟，法国出于自己的利益考虑，同意结盟。于是两国签署了协议。在这样的背景下，身为奥斯曼帝国海军大将的巴巴罗萨二世奉命率领土耳其舰队驶往法国，以表示对法国的支持。但是，当巴巴罗萨二世的军队经过奥地利控制下的墨西拿海峡的雷焦港时，遭到了海岸炮兵的轰击，恼怒之下，巴巴罗萨二世下令屠杀当地的无辜平民。在杀害这些人的时候，巴巴罗萨二世看中了一个 18 岁的小姑娘，在他的威逼利诱之下，小姑娘终于答应了他的要求，和他一起前往法国。

到了法国之后，巴巴罗萨二世受到了热烈的欢迎，这让他十分得意。但事实上，这种友好只是表象，因为巴巴罗萨二世和他的海盗们曾经是法国的死对头，对于法国人来说，巴巴罗萨二世并不是一个真正受欢迎的人。而且，巴巴罗萨二世到达法国之后，竟然要求法国海军把旗帜换成海盗旗，并且持续了半个月。

不过在表面上，法国人还是对巴巴罗萨二世礼遇有加。但是，此时的巴巴罗萨二世有些飘飘然了，他只顾着沉溺在女人的温柔乡中，而疏于对自己军队的管理，他的士兵在法国四处劫掠，搞得鸡犬不宁。最后，法国人实在是忍无可忍了，向巴巴罗萨二世提出了抗议。

巴巴罗萨二世却没有意识到自己的错误，反而向法国人提出了更加无理的要求：他要求法国支付自己军队的所有花销。法国人权衡再三，最终答应了他的要求，就这样，巴巴罗萨二世带领着自己的舰队离开了法国。一路上，他的军队把路过的城镇洗劫一空。

同时，巴巴罗萨二世还没有忘记打击和削弱神圣罗马帝国的力量，突尼斯的比塞大被他占领，他还洗劫了威尼斯统治的一个城市。

公元 1537 年，著名的西班牙海军将领安德里亚·多利亚出现在墨西拿海峡附近，安德里亚曾经堵截过巴巴罗萨二世的战船，巴巴罗萨二世因此对他怀恨在心。俗话说，仇人相见，分外眼红。巴巴罗萨二世在墨西拿海峡附近遭遇安德里亚，就注定了一场战争将无可避免地发生。

但是战争发动 1 年后，巴巴罗萨二世才摸清了敌人的状况。这一次他面对的不是一个国家的舰队，而是欧洲天主教国家组成的联合舰队，舰队的规模十分庞大。但是，和过去的乌合之众相比，此时的海盗也已经不可同日而语，他们现在是奥斯曼帝国的舰队，实力远远高于联合舰队。

为了赢得胜利，巴巴罗萨二世选择自己非常熟悉的爱奥尼亚海地区作为自己的基地。公元 1538 年 9 月 25 日，在今天希腊的普雷维扎海湾，双方舰队展开对峙。第二天，天公作美，刮起了有利于巴巴罗萨二世的舰队的风，于是他们主动发起攻击，大败联合舰队。这场战役给了欧洲天主教国家狠狠的一击，直到两年之后，这些国家才逐渐恢复了元气，他们厉兵秣马，寻找着复仇的机会。

这时，联合舰队的最高指挥权仍然掌握在安德里亚·多利亚的手

伊斯坦布尔

中。联合舰队总共有 500 多艘战船，由神圣罗马帝国皇帝查理五世亲自出征，在旗舰上还有厄尔巴公爵指挥的成千上万名步兵。公元 1541 年 10 月 19 日，联合舰队占领了海盗的老巢杰尔巴岛，并封锁了阿尔及尔港口，尽管如此，胜利的天平还是倾向了巴巴罗萨二世的一方，庞大的联合舰队再一次被海盗们打得四处逃散。

这次战争过后，欧洲各天主教国家在近半个世纪中再也不能集结起有效的力量了。海盗们很快收复了杰尔巴岛，为了显示他们的胜利，他们用敌人的尸骨堆起了一座骨塔。

公元 1543 年 8 月 22 日，法国军队在巴巴罗萨二世舰队的帮助下占领了突尼斯。作为回报，法国允许他们使用土伦港。公元 1547 年 6 月 19 日，奥斯曼帝国和神圣罗马帝国的哈布斯堡王朝签订了为期 5 年的休战和约，此后，地中海地区进入了一个相对平静时期。

那么，巴巴罗萨二世如何了呢？此时的他已经功成名就，坐拥享不尽的荣华富贵，他的野心已逐渐消退，于是他选择定居在伊斯坦布尔颐养天年。几年以后，巴巴罗萨二世就离开了人世。

哈桑、德拉古特与乌里吉·阿里为海盗王朝的继承者

巴巴罗萨二世去世以后，他的儿子哈桑继承了他的位置，他统治的地方成为奥斯曼帝国的一个行省，哈桑担任省长一职。而巴巴罗萨二世创建的“海盗王国”则由他的亲信德拉古特继承。无论是他的直系亲属，还是他的亲密战友，都不遗余力地捍卫着自己在地中海的权益，但是，他们当中没有一个人的才能能够超越巴巴罗萨兄弟。

哈桑十分讨厌法国人，担任省长以后就不断侵扰、袭击法国，但是奥斯曼帝国想要与法国建立友好的外交关系，无法认同哈桑的做法，于是仅仅 3 个月之后，哈桑就被解除了职务。

土耳其

哈桑离任后，巴巴罗萨二世的战友萨拉赫·拉伊斯接替了他的职位。萨拉赫·拉伊斯在政治上并没有什么建树，只是不断巩固阿尔及尔的大后方，加紧对摩洛哥等邻近地区的扩张。公元1555年，萨拉赫占领了由西班牙人统治的城市布日伊城，但是天不遂人愿，正当他决定放开手脚大干一场的时候，却突然重病缠身，不久就一命呜呼了。

萨拉赫去世以后，大权被一个名叫哈桑·科尔索的海盗夺取了。这个人以前做过萨拉赫的助手，他掌握权力以后的第一件事就是不断地蚕食摩洛哥的领土，这也是他前任的遗愿。他兵分两路攻打摩洛哥城市奥兰，可就在这个时候，西班牙海军将领安德里亚·多利亚的舰队开始对奥斯曼帝国的海上安全造成威胁，奥斯曼帝国迫切需要海盗舰队进行支援，所以下令让哈桑·科尔索马上撤离奥兰，其人马也撤离了阿尔及尔。

哈桑·科尔索撤离后，新的阿尔及尔的省长委任给了穆罕默德·库尔多格里，这项任命引发了哈桑·索尔科的不满，海盗内部发生了内讧。经过一场混战，哈桑·科尔索被击败了，海盗们对待他毫不手软，他们采取了传统的惩罚手段——把他放逐到一个荒无人烟的孤岛，几天之后，哈桑·科尔索就死去了。

库尔多格里统治阿尔及尔的时间也不长，后来他死在了奥斯曼帝国派驻北非的总督尤苏甫的手上。但是，这位总督赴任时正值北非地区鼠疫盛行，过了没多久，尤苏甫就因为感染了鼠疫而身亡。阿尔及尔再次陷入到混乱之中。

为了结束这种混乱局面，土耳其苏丹重新任命了哈桑作为非洲行省的省长，因为他是巴巴罗萨二世的儿子，自然能够得到许多老部下的拥戴。哈桑重新上任后，在10年的时间里不断巩固自己的权力，并且在和西班牙的几次交战中取得了重大的胜利：公元1558年9月1日，哈桑率领海盗们攻击穆斯塔干，西班牙军队全军覆没，阿里康特伯爵战死；在更重要的海战——热里夫群岛之战中，天主教国家的联合海军舰队同样在哈桑的海盗舰队面前遭遇了彻底的失败。

在同西班牙人的战争中，德拉古特的表现是最为耀眼的，他曾经是巴巴罗萨二世的亲信。在海盗中，德古拉特也是一个颇具传奇色彩的人物，他原本是奥斯曼帝国的一个下级军官，还在帝国舰队中担任过指挥官。后来，巴巴罗萨二世听说德拉古特是一个很有能力的人，于是不惜重金把他请到了阿尔及尔，并把一支分舰队交给他指挥。德拉古特就这样成为了海盗。

德拉古特曾经在与西班牙舰队的交战中失利被俘，成为西班牙海军安德里亚·多利亚的奴隶。德古拉特被俘的消息让巴巴罗萨二世焦急万分，他想尽办法营救德拉古特，却屡屡受挫，直到4年后，才终于用4000金币将德拉古特赎了回来。

被释放出来的德拉古特自然对巴巴罗萨二世十分感激，并发誓一定会为巴巴罗萨二世效犬马之劳。他并不只是说说而已，不久后，他劫掠了一艘开往的黎波里的装载有大量金币的船，并将所有的战利品都交给了巴巴罗萨二世，自己一个金币都没有拿。在以后的日子里，他也一直对巴巴罗萨二世忠心耿耿。晚年时的巴巴罗萨二世决定告别自己在大海上的戎马生涯，到伊斯坦布尔定居，一路护送的正是德拉古特。

德拉古特从伊斯坦布尔返回之后，接管了巴巴罗萨二世舰队的领导权。他把西班牙人视作阿尔及尔的一大威胁，于是把自己的官邸搬到了杰尔巴岛上，把这座小岛改造成了固若金汤的堡垒，在这里指挥着海盗们的劫掠活动，想要延续巴巴罗萨二世的辉煌“伟业”。但是天有不测风云，公元 1565 年，德拉古特率队围攻马耳他的时候，意外战死。他的死，使地中海所有的海盗都丧失了斗志。

一年之后，巴巴罗萨二世的儿子哈桑离开了阿尔及尔，他被苏丹调任为奥斯曼帝国海军的指挥官，自此以后就再也没有踏上北非的土地。萨拉赫·拉伊斯的儿子穆罕默德当上了阿尔及尔的省长。阿尔及尔的最后一任省长是乌里吉·阿里，他从 1568 年开始统治这个“海盗王国”，1587 年 6 月 27 日死于任上。

乌里吉·阿里是德拉古特的得力干将，他一生经历过的战斗中，打得最漂亮的当属勒班陀海战，在这次战斗中，乌里吉作战勇猛，不畏生死，虽然他最终没能扭转战局，但是他的勇气折服了许多人。

奥斯曼帝国把乌里吉当作英雄，任命他为帝国的海军大将，同时兼任阿尔及尔省长，让乌里吉走到了人生的巅峰。乌里吉在任期间，做过三件大事：一是他把西班牙人赶出了突尼斯，夺回了这个城市；二是他曾捕获 3 艘马耳他骑士团的战船；三是他把威尼斯人从塞浦路斯岛赶了出去，使该岛成为奥斯曼帝国的领地。

阿拉伯海盗蒂皮·蒂普

2005 年是我国大航海家郑和首次下西洋 600 周年。郑和是中国历史上著名的航海家，在《郑和航海图》中，明确指出了郑和远航时曾经到达过东非肯尼亚的海岛城市蒙巴萨。在蒙巴萨往北大约 100 千米的地方，沉睡着盖地古城的遗址。对于考古学家来说，这里是一个巨大的历史宝库，因为它的地理位置十分险要，早在中世纪就有不同国家的人到访过这里，其中就包括海盗，这个地区直到今天还流传着关于海盗的传说。而对于寻宝者而言，这里则是著名的藏宝之地，在过去的 100 年里，不断有来自阿拉伯、葡萄牙和西班牙等地的人来到这里，为了一个相同的目的——寻找传说中的“海盗黄金”。

郑和航海图

盖地曾经是一个十分繁荣的商业城市，许多人在这里做生意，公元 15—17 世纪期间，阿拉伯人在这里营建了许多豪华的建筑。但是，不知从什么时候开始，盖地受到了加拉·奥罗莫的部落的入侵，战争毁坏了城市的房屋，居民们不是惨遭杀害，就是被驱逐。从此以后，繁华的盖地城邦就变成了人迹罕至的废墟，并逐渐被原始森林所覆盖，这个东非曾经最为富饶的城市被隐藏在密林之下长达几百年。

后来，一群海盗为了寻找黄金闯入了这座尘封已久的城市。那么，黄金是怎么回事呢？

据说，这里之所以埋有黄金，是因为它们的持有者——一支阿拉伯商船队受到了袭击，而那次抢掠的实施者，正是东非著名的大海盗蒂皮·蒂普。

蒂皮·蒂普是当时阿拉伯和东非航道上十分有名的大海盗，他通过劫掠积累了巨额的财富，成为东非和中非最富有、最有权势的人，他在一个岛屿上建立了华丽的城堡，这个岛的名字叫做桑给巴尔岛。

当时，在阿拉伯哈里发管区、东非海岸和桑给巴尔岛以及马达加斯加岛之间有一条传统航线，商人们通过这条航线运送象牙、香料、丝绸和奴隶，而这条富裕的航线很快就引起了海盗们的注意。大名鼎鼎的蒂皮·蒂普也在这些海盗之列。他率领船队蛰伏在这条航线上，劫掠往来的商船，并且每一次都能抢到数量不菲的财物。

在这期间，蒂皮·蒂普劫掠过一支阿拉伯船队，对于蒂皮·蒂普来说，这次劫掠既是最顺利、最成功的，同时也是最遗憾的。

时值 1870 年，蒂皮·蒂普得到消息说，有一支由 12 艘船组成的船队从哈里发管区出发，目的地是桑给巴尔岛。这些船只的船甲板下藏着巨大的财富，除了香料和布匹等常规货物外，还有用来购买奴隶的金币，数量是 100 桶。于是，蒂皮·蒂普带领海盗船队偷偷地尾随着他们，准备寻找机会下手。后来，一场暴风雨袭击了这队商船，并使他们偏离了航向，部分船只也因为碰到暗礁而受损。于是，船员们将 100 桶金币转移到了没有受损的两艘船上，然后驶入了一条大河的隐蔽支流，把金币藏在了已经成为废墟的盖地城邦。当然了，这个举动没能逃过蒂皮·蒂普的眼睛。

就当这几名船员一边商量着找机会平分金币，一边驾驶着船只返回的时候，远远地就看见了蒂皮·蒂普一行人。蒂皮·蒂普生性凶残，并且自认为对这片土地了如指掌，相信无论他们把金币藏在了哪里，自己都能够找到。于是，他不由分说地杀死了几名船员。可是，蒂皮·蒂普显然高估了自己，他找遍了盖地城邦，却始终没能找到那 100 桶金币，不禁为自己当初的鲁莽后悔不已。

那么，船员们藏在盖地城邦的金币后来被找到了吗？

1884 年，来自英国的约翰·基尔克爵士带着一把大砍刀，在密不透风的原始森林里开辟出了一条小路，进入了已经销声匿迹许久的盖地城邦，并为这座在森林中沉睡了几百年的古老城市拍下了第一张照片。从此，这座废墟城市被列入历史文物，它的名字被人们津津乐道，大海盗蒂皮·蒂普也得以在几百年后再次声名鹊起，同时流传开来的还有那神秘消失的 100 桶金币。

20 世纪下半叶兴起的探险和寻宝的热潮，助长了盖地城邦的名声。在一个世纪左右的时间里，许多来自不同国家的寻宝者和探险家冒着生命危险展开了热火朝天的挖掘行动，他们当中既有阿拉伯人和葡萄牙人，也有荷兰人和英国人。森林中的每一块土地几乎都被他们挖了个遍，但是始终一无所获。

20 世纪 90 年代，德国一位寻宝专家写了一本名叫《海盗的宝藏》的书。这位寻宝专家叫做尼古拉·色拉诺，他对包括盖地古城的平面图在内的大量史料进行了仔细的研究和考证后，认为 100 桶金币最有可能的埋藏地点有两个：一个是古城的海马清真寺的地下，一个是盖地宫殿的地下。他还亲自来到盖地宫殿，在宫殿里一口干枯的古井下挖掘了3个星期，因为他在这口古井下发现了一组交叉弯刀的雕花，他认为这些雕花很可能是海盗刻下的标记。挖到30米深时，他发现了一块正方形石板，面积约为1.6平方米，上面刻着字，但是由于年代久远，已经看不清了。这个时候，他的经费已经花光，所以只好打道回府。但是他坚信100桶金币的传说是真的，它正等待着人们去发现。

Part 4

猖獗的西班牙海盗

西班牙人开启了大航海时代，他们把美洲地区的黄金和其他物产运到本土。许多海盗为了快速实现自己的发财梦，纷纷聚集到加勒比海地区。也涌现了许多著名的海盗，比如亨利·摩根爵士、黑胡子爱德华·蒂奇，还有著名的女海盗邦尼和里德，以及被称为西班牙海盗女王的卡塔琳娜。他们的故事至今仍在世界各地流传。

亨利·摩根爵士

1668年，荷兰出版了一本关于海盗的书，在这本书当中，最引人注目的地方是扉页上那位头戴假发、留着一撮小胡子的男子画像，画像下面有署名，写着“亨利·摩根——牙买加海盗统领”。

亨利·摩根的父亲是一个典型的中产阶级，他的父亲在威尔士拥有一个庄园。关于亨利·摩根的童年，史料中并没有什么记载，但是有一点可以肯定，那就是他不安于继承父亲的家业。从幼年开始，他就在船上当见习水手，后来参加了对加勒比海上巴巴多斯岛的殖民战争。接下来，他又从巴巴多斯来到了牙买加，不久就加入了当地的一个“远征队”，为他的人生掀开了新的一页。

这个“远征队”由一名海盗首领统领，但事实上，幕后的老板却是英国总督托马斯·英迪福特。而亨利·摩根早就明白，所谓的“远征队”不过是掩人耳目罢了，这实际上是一支四处劫掠的海盗团伙。当时，加勒比海上贸易的集散地是库拉索岛，这群海盗惦记它已经很久了。后来，他们终于下定决心对这个岛屿发动攻击，但出乎意料的是，他们失败了，不但没有抢到任何的财物，海盗首领反而被西班牙人抓了起来，被判处了死刑。

西班牙人以为把海盗首领处死以后，这群海盗就会人心涣散，分崩瓦解。事实也的确如此，西班牙人的坚船利炮让一些海盗分子吓破了胆，以至于有人提议逃回牙买加。对那些主张逃跑的人，23岁的摩根立即进行了驳斥，他宣称就这样撤走是一种耻辱，可是那些一心只想着逃跑的人对他的看法十分不屑。

这个时候的摩根十分清楚，如果自己拿不出高明的计划，仅仅依靠几句话是难以服众的。于是，他制订了周密的计划，并召集了所有的海盗进行说明。他还做出保证，只要每个人都按照他的计划行事，

牙买加

就一定能满载而归。

原来，老谋深算的摩根是这样打算的，他想：普林西普城位于古巴岛的内陆地区，从来没有遭受过海盗的袭击，那里的人们对海盗肯定毫无防范，因此可以利用当地人的疏忽大意，对他们来个突然袭击。摩根的主意得到了其他海盗的交口称赞，他们一致推选他担任首领，于是，一支拥有 10 艘武装精良的战船和约 500 人的海盗队伍的指挥权就交到了摩根手中。在摩根的指挥下，海盗队伍向着古巴岛的方向整装前行。

其实，狡猾的摩根之所以坚决不让海盗们返回牙买加，是有自己的私心的：原因之一，如果自己一无所获地回到牙买加，幕后老板托马斯肯定会非常不满；原因之二，海盗首领已经死了，英国总督一定会找新的接班人，当时的摩根才 23 岁，如果单论资历和辈分，肯定轮不到自己当首领，但是如果自己能够有一番作为，结果就会不同。于是，他想着自己在回到牙买加之前，一定要做出些成绩，才能成为海盗的统治者。

摩根十分清楚托马斯之所以要组织这支海盗远征队，主要是为了达到英国殖民官员的政治和军事目的，也就是说，不论是库拉索岛，还是别的地方，只要是西班牙人占领的地方，都可以作为远征队打击的目标。所以摩根敢于另选出征目的地，而不怕回去受到责难。摩根心想，只要他们这次能够狠狠地教训一下西班牙人，并且能够劫掠大批的财物，那么，英国总督必定会对他刮目相看，然后委以重任。

摩根率领海盗们穿过密密的热带森林，于午夜时分到达普林西普城郊地带，他们很顺利地占据了有利的地形，然后对城里的高大建筑物发起突然袭击。如摩根所料，突然而至的海盗让当地人手足无措，甚至都还没有来得及想好如何抵御就沦为俘虏了。海盗命令所有当地人交出自己的珍贵物品、武器和其他生活物资，许多试图进行反抗或者隐藏财物的人都遭到了他们的残忍杀害，据说，他们获得的战利品之多，堆积成了一座小山。但是摩根并不满足，他还要当地居民提供1000 头牲畜，否则就要把这个城市给烧毁。但是这个要求确实超出了当地居民的能力范围，于是，海盗们就把许多居民强行带到船上。

在返航途中，亨利·摩根和海盗们又唱又跳，来庆祝这次峰回路转、收获颇丰的胜利。有的海盗已经打算回到牙买加以后，在酒馆里喝得酩酊大醉，好好地庆祝一番。但是摩根并没有回去的打算，他向所有海盗讲述了自己下一步的计划：在他看来，洗劫普林西普城仅仅是他一系列计划的第一步，下一步他要袭击巴拿马地峡上的贝略港。

和普林西普城不同，贝略港的防御工事十分坚固，于是摩根制定了新的策略，他先派人在夜里乘着小船偷偷地抵达港口，然后用很卑劣的手段把俘虏的牧师和修女派到前线上去，使得信奉天主教的西班牙人手足无措，就此一举攻下了这座不可能攻破的坚城。次年，摩根率领舰队远征委内瑞拉湾的港口城市，回程时遭到西班牙海军的伏击，但是诡计多端的摩根炸沉了对方两艘战舰，并用调虎离山之计巧妙地突破包围圈，全身而退。

1670 年，摩根凭借着自己巨大的号召力，又集结了一大批海盗，对西班牙属地巴拿马发动袭击，不但横扫西班牙军队，还掠夺了大量的钱财。不过，时局已经和从前不同，此时的英国已经和西班牙签订了停战协议，摩根的这一系列举动显然与英国的利益不符，因而招致了牢狱之灾。但是出于对摩根威望的考虑，国王不久后就赦免了摩根并授予他皇家爵位，还任命他为牙买加副总督。直到 1688 年，摩根船长终于结束了他不算光鲜亮丽但足以载入史册的一生。

海盗黑胡子的故事

黑胡子的本名叫爱德华·蒂奇，在英国的布里斯托尔出生。即使是对海盗历史不甚了解的人，也多少听说过“黑胡子”的大名，那么，这个黑胡子是一个怎样的人呢？他高大魁梧，一脸严肃，令人敬畏；他只有一只眼睛，一条腿由一根木棍代替，常年穿着鹿皮靴；他那油乎乎的胡须又黑又长，直达胸口，有时不得不用带子扎成小辫儿，因此才有了“黑胡子”的绰号；他经常穿着披风，顶着黑帽子，胸口挂着好几把手枪随时准备使用；他平日里邋遢成性，满身酒气和火药味儿，以至于每个想要和他对话的人都要不自觉地后退一步。

当时的英国正处于动荡不安的局面，与多年来的海上竞争对手西班牙交战频繁。在这样的情况下，英国政府便给一些武装民船颁发私掠许可证，默许他们在海上进攻和抢劫那些过往的外国商船（当然，他们主要针对的是西班牙商船），年轻的黑胡子就是在这样的武装民船上当了水手。

1716 年，对黑胡子来说，是迎来事业转折的一年。这一年，他开始投到霍尼戈尔德船长的麾下当海盗，后来，船长任命他为一条船上的指挥官。在追随霍尼戈尔德船长的两年里，黑胡子对他始终忠心耿耿，后来在加勒比海一带，霍尼戈尔德船长截获了一只大商船，这艘船火力很强，船长把它转赠给了爱德华·蒂奇。

加勒比海

黑胡子得到这艘大商船以后，心情非常激动，并给它取了一个新名字——“复仇女王”号，从此他就自立门户了。那个时候黑胡子还不是很出名，但是当他指挥着“复仇女王”号第一次“出征”后，就立刻声名远扬了，这是因为黑胡子第一次劫掠，就选择了英国商船“爱伦”号。当时，海盗们大多是打着为英国女王服务的旗号四处劫掠的，所以尽量不与英国皇家海军发生冲突，黑胡子劫掠“爱伦”号的行为显然无视了海盗界的这个“潜规则”，他劫掠的不仅仅是商船，更是在挑战英国皇室的权威。但是，黑胡子才不管这些，他以自杀式袭击的方式战胜了英国海军，从此以后，黑胡子的名声变得很大，大西洋沿岸的船只要听到他的名字就唯恐避之不及。

正当人们都为黑胡子的名字而变得慌乱的时候，他却突然踪迹全无，这可让抓捕他的人犯了难。过了两年，人们几乎快要把他遗忘的时候，他又重出江湖了。从此，加勒比海上不再太平，过往的船只几乎都被劫掠一空，而且他除了对财富感兴趣以外，还非常喜欢看人受尽折磨，直到痛苦地死去。他在加勒比海劫掠了一年半的时间，战利品堆在一起多得就像山一样，这些战利品都被他拿到美国北卡罗来纳州的一些港口城市以低廉的价格卖掉了。

1718 年 5 月，黑胡子发动了一次突袭。这次突袭可以说是他的海盗生涯中最大胆的一次：南卡罗来纳州首府查尔斯顿被他用 4 艘海盗船给封锁了，所有的当地船只都遭到了洗劫，然后被付之一炬，霎时间，这里变成了一片火海。在这次抢劫中，他绑架了不少人质和政府要员，如果政府不出赎金，就会把这些人质全部杀死，在这种情况下，市政府不得不答应了他的要求。这次突袭让黑胡子得到了许多财物，150 万英镑的赎金足够他挥霍一生了，他想要独占这笔财富，于是就动起了解散海盗队伍的念头，当然，海盗们都是贪婪的，因此所谓的解散绝对不只是字面意思那么简单。

果然，黑胡子把同伙们骗到了一个孤岛上，然后带着自己的心腹离开了，他的打算是让同伙们在孤岛上自生自灭。但是过了两天，英格兰少校博奈特驾着帆船无意间登上了这个小岛，于是这群被丢下的海盗得救了。

当时，虽然南卡罗来纳州市政府的大部分议员都被黑胡子吓破了胆，但是弗吉尼亚州州长亚历山大·施普茨伍德却不为所动，他决定不惜一切代价都要把黑胡子给除掉。另一方面，被黑胡子抛弃的海盗也决定对他进行报复，他们联系到很多被黑胡子伤害过的商人、种植园主等，一起找到了施普茨伍德。随后，施普茨伍德发布悬赏公告，鼓励民众帮忙抓捕黑胡子。

同时，州长施普茨伍德还向英格兰海军基地求助，皇家海军便派出了“珍珠”号和“里姆”号两艘战舰，共装载了60多名水手和大量武器，前去帮助捉拿黑胡子。海军中尉罗伯特·梅纳德是这两艘战舰的总指挥官。

1718年秋，施普茨伍德接到密报，掌握了黑胡子的具体位置。他立刻派遣“珍珠”号和“里姆”号前去抓捕。这个时候，黑胡子也已经通过自己的内线得到了这个消息，他没有逃走，而是做好了战斗的准备。1718年11月17日下午，双方开始交火，梅纳德中尉老远就看见对方海盗船的桅杆顶上悬挂着黑胡子的旗帜——黑色底图上印有一颗血红色的心和白色的骷髅头。双方的战斗十分惨烈，最终黑胡子被杀死了。

战斗结束以后，梅纳德中尉和士兵们清理战场时，发现了黑胡子布满了刀伤和枪伤的尸体，他们把黑胡子的头砍下来，把他的躯体扔进了海里。有关黑胡子的头颅后来流传着两种说法：有人说，黑胡子的头被砍下来后，围绕“冒险”号游了很多圈，直到永远地消失在大海的深处；也有人说，梅纳德中尉把砍下的头作为鉴戒，挂在军舰的牙樯上带回了弗吉尼亚，一个星期后，黑胡子的头颅被熬煮了，用银箔裹着，做成了酒杯，后来，人们在很多小酒馆里使用它，直到这个镀了银的海盗头在美国东海岸神秘消失。

黑胡子死了以后，许多人打起了他埋藏的宝藏的主意。据说，黑胡子曾在死前不久宣称，只有魔鬼和他本人才能够找到他藏宝的地点。

当时，皇家海军获胜后就第一时间搜遍了海盗船上每个角落，但是最后他们只发现了145袋可可豆、11桶葡萄酒、1桶蓝靛和1包棉花，并没有找到金银珠宝。从那个时候开始，许多人就四处搜寻起黑胡子的宝藏，他们几乎把和黑胡子有关的生活用品以及住所都翻遍了，但是仍旧没有任何收获。许多年之后，人们终于意识到，黑胡子太狡猾了，他没有留下关于宝藏的只言片语和任何线索，更别提什么藏宝图了。

1997 年，美国的一个潜水员发现了黑胡子的海盗船“复仇女王”号，于是，人们开始期待着能在水下捞出一批财宝。当然，这只是寻宝者的美好愿望，至于这愿望什么时候能变为现实，还需要时间来证明。

海盗安妮·邦尼和玛丽·里德

在海盗史上，除了男性海盗之外，也有不少女性海盗，在这些女性海盗中，最为出名的就是安妮·邦尼和玛丽·里德。

安妮出生于爱尔兰，她的父亲是一名律师，她是父亲和一个女佣的私生女。父亲非常喜欢她，并把她带在身边，让她扮作一个小男孩，向别人谎称是自己的跟班。后来，父亲的妻子知道了真相，她气急败坏，和丈夫打了起来，并要求丈夫抛弃女佣母女俩。经过激烈的思想斗争，安妮的父亲最终带着女佣和安妮远走高飞，三个人渡过大西洋来到了今天的美国东海岸，安妮的父亲在这里经商，成为了暴发户，买下了一座大庄园。物质生活的改变，以及安妮从小男孩子的经历，再加上长辈的一贯溺爱，让安妮最终变得任性妄为、肆无忌惮。在 13 岁时，因为和佣人绊了嘴，她竟然拿起餐刀扎向佣人的肚子。

16 岁那年，安妮认识了一个水手詹姆斯·邦尼，这位水手用甜言蜜语把安妮迷得团团转。但是詹姆斯并非真的喜欢安妮，而是看上了安妮父亲的财富和庄园，为了得到它们，他才故意亲近安妮。安妮的父亲最初就反对他们两个在一起，在识破了詹姆斯·邦尼的意图之后，他决定断绝父女关系，并把他们两个赶走，于是倔强骄傲的安妮索性改姓邦尼，上了海盗船，当起了海盗。在拿骚，安妮遇见了比詹姆斯更剽悍的海盗杰克·莱肯，并很快爱上了他，于是，安妮甩掉了詹姆斯，做了杰克的情人。

杰克是查理·斯瓦内船长的水手长。一次，当他的船长拒绝袭击一艘法国船只时，许多船员都感到不满，于是他们发起暴动，并推选杰克为新船长。后来，杰克航行到新普罗维登斯岛，结识了已婚的安妮·邦尼，并花了一大笔钱来追求她。之后，杰克加入到在加勒比海劫掠西班牙船只的布尔格斯船长的旗下。

现代人扮演的女海盗邦尼

后来，安妮和杰克的情人关系被曝光，当地总督因通奸罪威胁要对安妮执行鞭笞之刑，于是，杰克和安妮一不做二不休，偷了一艘船逃走了。安妮担心布尔格斯船长不收留自己，于是便女扮男装，说自己叫亚当·邦尼，并同他们并肩作战。安妮和杰克在一起的日子十分快乐，两人不但情投意合，而且性格也很相像。

这一对鲁莽的情人当海盗的收获可不小，没过多久他们就俘获了一艘德国船只，船上一位清秀俊美的小伙子引起了安妮的注意。她向杰克请求饶恕这位年轻人，并表示想独自收留他，此后，安妮和这个小伙子的关系越来越亲近。杰克心生疑虑和妒忌，他觉得安妮和这个小伙子的关系已经超出了友谊的范畴，终于有一天，杰克要求两人给出解释。这时，这个小伙子才不得不坦白，自己并不是男人，而是女儿身，名字叫做玛丽·里德。

玛丽·里德出生于伦敦，有着十分好强的性格，最不愿意依靠男人，尽管人们对背后的原因了解不多，但其中笛福的说法流传最广。笛福认为玛丽·里德是一个商船队船长的妻子在海上同其他人的私生女，这位母亲之前有过一个儿子，但是不幸夭折了，恰逢船长出海时不幸遇难，所以她决定把这个女儿当成儿子养，并把她带回丈夫家里继承遗产。船长留下的不菲遗产让童年时代的玛丽生活富足，不过直到母女俩把钱花光，玛丽仍旧是一身小伙子的打扮。后来，她参加了海军，并结识了一位战友，之后就和他结了婚，但她的丈夫不久就死了，于是她重新装扮成男子到处漂泊，在随船前往加勒比海的途中被海盗掳获，掳获她的船只的正是杰克和安妮。

后来，玛丽加入了杰克和安妮的海盗队伍。安妮和玛丽善于打斗，不论是在航行中，还是在战斗的时候，她们都表现得非常勇猛，同其他男性船员没有什么区别，甚至有过之而无不及。随着时间的推移，她们在历险中取得了多次胜利。然而好景不长，不久后，巴拿马总督就命令赫拿散率舰队终结了这个三人组的海盗岁月。

当时，杰克船上的大部分船员都已经喝醉，包括杰克自己，他们根本无法进行抵抗，于是轻而易举地被俘。而坚持战斗到最后的，正是安妮和玛丽两人，不过后来她们也被逮捕了，和其他海盗们一起被带去见巴拿马总督，并准备接受审判。

这场审判受到了当时整个加勒比海地区的广泛关注，很大一部分原因就是因为这场审判首次以书面的形式证明了女性海盗的存在。审判的结果是，杰克和其他船员被判绞刑，安妮和玛丽被免于处死，因为在最后审判的时候，两位女海盗不约而同地翻供，并都声称自己怀有身孕，令当时的法庭哗然。法庭派出医生对她们进行检查，证明她们确实怀有身孕后，于是法庭宣布她们的死刑暂缓执行，等把孩子生下来以后再说。

在杰克被施以绞刑的前一刻，安妮被允许同他说话。面对这个和自己共度了漫长的冒险生涯的男人，安妮没有丝毫的不舍和怜悯，她斩钉截铁地对他说："你要是能像男人一样战斗的话，就不会死得像狗一样。"

海盗们被处死以后，安妮和玛丽过上了监狱生活，不幸的是，玛丽因为感染疾病死在了狱中。至于安妮，她的父亲得知了她的处境以后，便带上一位律师朋友前去找她，两人为安妮说情并买通了总督，最后，总督释放了安妮。安妮被释放后，销毁了自己的档案资料，回到家中安度余生。不过，也有人认为，安妮之所以能够重获自由，并不是因为他父亲的收买，关于其中的缘由，他们另有一个版本。

这个版本是这样的：安妮被释放并不是因为她父亲用钱从中干预，而是因为巴拿马总督收到了一封来自海盗之王巴托洛梅·罗伯茨的信，巴托洛梅的语气十分强硬，带有很强的威胁成分。于是，总督只好把安妮释放了。当时，安妮只有 20 岁，生下了一个男孩，但是此后便从历史上销声匿迹了。有说法称她后来和父亲的那位律师朋友结了婚。

西班牙"火女郎"：卡塔琳娜

在为数不多的女性海盗当中，除了安妮和玛丽之外，还有一位极富传奇色彩的英勇漂亮的西班牙少女，她的名字叫做唐·埃斯坦巴·卡塔琳娜。她红发飘飘，经历十分坎坷，在不幸的命运面前，她没有丝毫的退缩，而是凭借着坚强的意志燃烧了自己全部的激情和青春，像一团烈火一样将整个南大西洋烧得红通通的。

卡塔琳娜被称为西班牙海盗女王，她是在 18 世纪中叶出生的，出生地为西班牙，她的父亲是巴塞罗那船王。我们都知道，大多数海盗来自社会底层，因为贫困而不得不走上海盗的道路，以谋求个人的生存，他们没有受过多少教育，往往言行粗鲁、嗜酒成性，身上散发着无赖的气息。但是卡塔琳娜不同，幼年时代的她生活优渥，被父亲视为掌上明珠，因为父亲对她期望很高，希望把女儿培养成为一位有修养的、优雅的女性，因此对她的要求十分严格，从小就接受过正统的贵族教育。但是卡塔琳娜生来活泼好动，不喜欢整天待在屋子里埋头读书，比起这些，她更喜欢舞枪弄棒、骑马射箭。年纪很小的时候，她就和自己的哥哥一起骑马、划船，和哥哥相处得久了，难免受到他的影响，于是完全走上了一条本属于男孩子的发展道路。到了 17 岁那年，卡塔琳娜已经出落得亭亭玉立，而且是一个武艺高强的“女强人”，不管是剑术，还是枪法，都已经达到了炉火纯青的地步，很少有人能够超越她。如果按照现在的标准，她是一个很不错的女孩，但是在当时，却不符合上流社会的审美观。

卡塔琳娜

18 岁的时候，父亲打算把卡塔琳娜送到修道院，为的是让她接受宗教思想的洗礼，希望她有所收敛，能够变得温顺可人一些。但是卡塔琳娜自幼就养成了喜武厌文的性格，这是不容易改变的，由于无法忍受父亲的安排，她毅然离开了这个家。她把自己的红头发剪掉，乔装打扮成男人的模样，开始了颠沛流离的生活。为了自谋生计，她干过许多职业：在酒吧里当过伙计，在邮局当邮差，参加过盗贼团，也干过水手，其中的心酸只有她自己能懂，但也只能一个人默默承受。一年之后，卡塔琳娜在秘鲁报名参军，加入了陆军的队伍，并一直很好地隐藏着自己的女性身份。

那个时候的军队，腐败现象层出不穷，不平等的事情也屡见不鲜。例如，长官会私自克扣军饷，还经常依仗着自己的权威欺负别人，动不动就对手下拳脚相加。卡塔琳娜性格倔强，她不甘心受到这样的屈辱，某一天夜里，底层的士兵发动暴乱，在这次集体冲突中，卡塔琳娜终于不再强压心头的怒火，她把自己所有的愤怒都释放了出来，她杀死了担任驻军副司令的上校，并和上校的副官剑对剑地打了起来。因为当时夜色很浓，彼此之间谁也看不清对方的面孔，况且在那样的情况下，哪里还有工夫去看对方的长相呢？

两人一剑快过一剑，都朝着对方的要害刺去。两个人都明白，自己面前的对手绝非等闲之辈，稍有不慎就会命丧黄泉，所以都不敢掉以轻心。渐渐地，卡塔琳娜占据了上风，并且夺取了最终的胜利，但这并没有让她变得喜悦，因为面前的人倒下的瞬间，她惊讶地发现，她杀死的不是别人，正是自己参军多年的哥哥。她和自己的哥哥感情很深，哥哥既是她小时候的玩伴，也是她的榜样。可以想象，当时的卡塔琳娜的内心是多么的悲痛，她伤心欲绝，陷入到深深的自责和悔恨之中。后来，她连夜逃离了驻地，因为只有离开这个地方，她的内心才会不那么痛苦。最后，她迫于生计，于是重操旧业，又当起了海盗。

卡塔琳娜生性豪爽，也同样喜欢直率的海盗们，于是很快就和他们打成了一片，对于她高超的航海技术和超群的武艺，海盗们无不交口称赞。后来，在一次海上战斗的过程中，他们的船长牺牲了，因为卡塔琳娜的威望在海盗当中很高，于是她就被推选成了新的船长，直到这个时候，卡塔琳娜才敢说出自己的女人身份。海盗们无不瞠目结舌，他们无论如何也不会想到，眼前这个威风凛凛的船长竟然是一个离家出走的千金小姐，本来应该过着养尊处优的生活，而现在却加入到他们的行列当中。

就这样，卡塔琳娜开始了长达 10 年的征战生涯，她拥有 10 艘楼船和上千名手下，战斗力不俗，打遍了南大西洋，抢劫了大批商船，逐渐就有了海盗女王的称号。不过，她有自己的准则：从来不曾袭击过一艘西班牙船只，还经常救助那些落难的西班牙商船。在她的心中，无时无刻不在思念自己的祖国。

当时的海上霸主英国对这位海盗女王感到十分头疼，于是就向西班牙政府施加压力，要求他们帮助消灭卡塔琳娜。最后，在西班牙和英国的联合围剿下，卡特琳娜的队伍被西班牙舰队击溃，她被带回马德里接受审判。第一次审判的结果是死刑，但是西班牙百姓一致认为她是无罪的。这件事后来惊动了国王菲利普三世，在他的干预下，法院重新审理了案件，最终，卡特琳娜被无罪释放。不仅如此，国王还亲自召见了这位“西班牙的英雄”，赏赐给她“大笔的金钱和封地”，此后，卡塔琳娜就一直住在自己的封地，终生未嫁。

探秘海盗的日常生活

在大多数人的认知中，海盗的生活是自由的、洒脱的，但实际上，海盗船上的生活有着生活在陆地上的人们难以想象的艰苦。

海盗船上总是船员众多，因此甲板上总是挤满了人。他们的生活也很枯燥，基本上没有什么娱乐节目，也无法享受到美食，每天的食物除了不新鲜的干豌豆和干面包，差不多就没有别的了。水果、

海盗的生活

蔬菜和肉之类的食品很容易变质，所以是很少吃到的。海盗们有时会捕捉到几条鱼或者几只乌龟来补充一下营养，偶尔还会养一些牲畜，如鸡和猪。另外，还有一个非常让人头疼的问题，那就是船上的饮用水很容易变质。

到了晚上的时候，海盗们就挤在下面的甲板上睡觉，那里的环境非常糟糕，不仅伴随着此起彼伏的咳嗽声和呼噜声，还十分闷热，充斥着臭味，几乎让人喘不过气来，而且还有甲虫、老鼠和蟑螂等频频出没。所以，海盗们只有喝上几口朗姆酒才能忘记船上的艰苦，睡得踏实，这也是海盗大多数都酗酒的重要原因。可以说，酗酒是他们的家常便饭，甚至有些海盗好像从来就没有清醒过一样。海盗彼此之间发生口角也是常有的事，为了避免发生暴力冲突，船上制定了严格的纪律。出海之前，他们需要集体宣誓，发誓遵守纪律。船上的纪律有许多条，其中最基本的几条包括：在所有重大问题上，所有人都拥有发言权；船上禁止打扑克牌和掷骰子等赌博行为；晚上 8 点钟必须准时熄灯，过了这个时间，如果还想要喝酒，就需要跑到上面的甲板上去喝；禁止妇女和儿童上船；等等。

经过终年累月的航行之后，往往有一半的海盗被疾病夺走了性命。因为船上卫生条件很差，而且缺医少药，没有任何的医疗保健措施。例如，当一名海盗在战斗中受伤严重，需要截断手臂或者腿时，他们除了使用烧酒之外，没有任何的消毒和麻醉药物。另外，许多海盗因为常年在海上航行而患上了坏血病，这种疾病是由于缺乏维生素引起的，患有这种病的人通常虚弱无力、牙齿脱落、伤口不容易愈合。直到 1753 年，人们才搞明白，富含维生素 C 的柑橘类水果可以有效地预防坏血病。

在 17 世纪的大型海盗船上，通常有 20 ~ 40 门大炮以及 200 ~ 300 名船员，这种船只多数有桨，驾驶灵活，便于在无风的情况下追上对方船只。北美海岸的海盗则主要驾驶较小的单桅船，这种船通常只有二十几米长，船上有 10 门火炮，8 对船桨，可以容纳 50 名船员，并且储备有 2 个月的食物和 1 个月的用水量。对于海盗船来说，最关键的就是速度要快，同时还要适宜远洋航行，因此海盗船需要经常维修保养。尤其重要的是，要定期把粘在外壳上的贝壳和海藻清除干净，这样可以减小阻力保证船速。海盗们维修船只的时候，会找一个隐蔽安全的海湾，然后他们将船只拖到岸上来，把船倾侧，这样，整个船壳和龙骨都会露出来。

事实上，在海盗船上，船长是受全体船员监督和控制的。船长是从船员中挑选出来的最优秀的海盗，他虽然可以多分到一些战利品，但是只有在发生军事冲突时，他才拥有全面指挥权和命令权。另外，船员们还会选出一名军需官，由他来代表全体船员监督船长。同时，船长还需要负责检查武器，执行惩罚，监督食品供应和分配战利品。

海盗们一旦看到前方有猎物出现，就会以极快的速度从船尾方向驶向对方的船只，这是为了让对方处于极为不利的位置，因为船上的炮火只能横向发射，处于后方的海盗船根本不在攻击范围之内，而对方如果想要调转方向射击，无疑就会失去先机。随后，“猎手”和“猎物”都会紧张地准备战斗：为大炮装满火药，给枪支上好子弹，把甲板浸入水中，并用水将船帆打湿，以防止它们轻易就燃烧起来。在战斗中，为了不至于踩上血水或海水而滑倒，船员们会在甲板上撒上沙子。一切准备就绪之后，他们还会喝上一口酒，激发斗志。海盗赶上商船之后，首先会往对方的甲板投掷榴弹、火盆和恶臭炸弹，之后就开始登船。一艘商船上通常只有 20 ~ 40 人，而海盗的人数往往是商船人数的很多倍，因此海盗们往往拥有绝对的优势。

海盗们在进行搏斗时，最常使用的武器是手枪和水手弯刀，当然，他们也会使用其他种类的各式各样的武器。总的来说，海盗们在冷兵器的选择上比较单一，似乎也不那么讲究。经过数百年的发展，欧洲的剑类武器制造已经相当精良，但那些装饰华丽、重量配比平衡的刺剑通常只有地位较高的人才能够使用，海盗们只能用粗劣的弯刀。水手刀可以说是海盗们最主要的武器，它使用起来并不复杂，不需要使用者拥有多么高强的武艺，它是一种用于劈砍的武器，比一般的刀剑要短，呈弧状，这样的设计是为了增加劈砍的威力，以更好地适应近身战。至于火枪，海盗们对它们并不是十分信任，因为火药很容易受潮，在海上作战中并不可靠，而且装填火药需要至少半分钟，但是在接舷战中根本就没有这个时间，不过尽管如此，只要情况允许，大多数海盗还是会佩带不少于 3 把火枪。当然，经过上百年的改进，这些火药武器的威力和可靠性都得到了显著提高。

Part 5

占据印度洋的海盗

印度洋地区的海盗通常容易被忽略掉，但是，他们的粗暴、野蛮、贪婪，比起其他地区的海盗来，丝毫不落下风。但是在印度洋这片海域中，有一个海盗是特例，那就是米松，他试图在马达加斯加岛上建立一个自由王国，虽然失败了，但是仍旧被人们歌颂。印度洋上其他的一些海盗，也有一些可歌可泣的动人故事。

印度洋的海盗

17 世纪末，印度洋上出现了海盗，他们来自加勒比海。在长达数百年的时间里，在这里活动的海盗有阿拉伯人、印度人，还有中国人。最早来到这个地区的欧洲海盗是英国人，他们好像是在嘲笑葡萄牙人和荷兰人争夺印度，每一个进入印度洋并成功劫掠葡萄牙和荷兰船只的英国海盗，都会收到来自伊丽莎白女王的祝贺。

1600 年，在伊丽莎白女王支持下，东印度贸易公司成立了，公司中的股东中有很大一部分是英国贵族，他们都亲切地称呼这个公司为“老夫人”。资产阶级革命后，新的贸易公司成立，从而打破了“老夫人”的垄断地位。后来，贵族与资产阶级达成协议，把两个公司合并，此后，除了葡萄牙和荷兰的船只以外，英国的船只也开始把印度的财富运进欧洲，而且英国船的数量也越来越多，几乎是顺理成章的，来自加勒比海的海盗们不约而同地把注意力集中到了这些船只上。

印度洋

当时，执掌印度的莫卧儿王朝的船只也是令海盗们垂涎的猎取对象。印度船通常经由红海驶进吉达港和也门的木哈港，去麦加的朝圣者也都会先在这里集中，同时往这个地区靠拢的还有来自西印度的海盗。在这里，这些海盗遇到了强劲的对手，对方也是专门从事劫掠活动的海盗，由从荷兰、葡萄牙、英国和法国的军舰和商船上逃跑的人组成。双方各自以马达加斯加及附近的其他岛屿为基地，展开了激烈的海盗战。

印度洋上有个著名的海盗船长，叫做托马斯·季尤。他生于新英格兰的罗德艾兰州，由于这个州的人多为清教派教徒，所以当时的美洲人都认为季尤是一个大好人，对他十分友好，而他也会把从印度船上夺来的东西，以低价出售给北美贫困的基督徒。

1692 年，季尤受百慕大群岛总督委派，乘两艘船去进攻冈比亚河河口的法国商业性居民点，并把它们劫掠一空。这次行动的经费是由百慕大群岛的几个商人筹集起来的，但是，季尤并不想为了总督和商人们而去冒巨大的风险。当时，他的另一艘船的桅杆被折断，已经不能继续使用，于是他说服船员们到印度洋上独立行动，自己寻找猎取对象，并一再叮嘱：最主要的是不冒任何风险。他自己也乘着“阿米基号”绕过好望角，在马达加斯加岛补充了食品和水，然后蛰伏下来静静地等待着猎物出现。在这里，他同一艘印度船展开了战斗，为防海盗，这条船上除船员外，还有 300 名士兵，令人意外的是，季尤虽然只有少得可怜的几个人，但是没有损兵折将就把这艘船给拿下了，劫掠了很多黄金和白银，季尤拿到了 1 万英镑，其他人则平均分到了 3000 英镑。不过，季尤很聪明，他付给了筹集经费的商人们 10 倍于成本的价钱，其他海盗就没那么好运了，因为他们没有给商人带来任何好处，由于害怕受到处罚，他们不敢回家，于是请求季尤让他们在马达加斯加岛下船，季尤同意了。他们在这里成立了一些不大的群体，还成了家，买了奴隶，然后就在自己的大庄园里过起了日子。如果有别的海盗求援，他们就供给淡水和食品。

季尤则和剩下的船员回到了家，不仅没有受到任何的惩处，还在纽约附近购置了一套房产，并且和州长成为了朋友。州长给他发放了一个捕敌私船证件，让他第二次踏上了非洲的航程。他的船队有3艘船，旗舰仍然是“阿米基号”。他绕过好望角去找老朋友，在这里他遇到了约翰·艾弗里。

两人一见如故，相谈甚欢。他们一起去红海的入口处，等待前往麦加的朝圣者们乘坐的船只。在夜幕的掩盖下，部分印度船只得以突破了他们的包围圈，第二天早上，季尤把目标锁定在了“法捷赫穆罕默德”号和“汉吉萨瓦”号身上，他乘船追赶，好不容易追上时，却受到了对方船只的炮火攻击，并受了重伤。这时，艾弗里抓住了对方船只重新装填弹药的空当，一举攻了上去，并最终迫使船上的人们缴械投降。经过激烈的战斗，另一艘船也被俘获了，海盗们获得了大量的战利品。

这次劫掠在英国和印度之间引起了轩然大波。印度皇帝威胁要对英国进行报复，关闭在印度的英国商站，东印度公司害怕会因此失去利润，于是下令逮捕季尤和艾弗里等人。海盗们在英国出售珍宝时被捕，交付法庭，但是艾弗里本人却躲藏了起来，政府一直没有抓到他。有的书中说他娶了帝王之女，成了有万贯家财的大王，许多人对这个说法信以为真。

此次事件后，印度皇帝对东印度公司进行要挟，要求英国政府把这群海盗彻底消灭掉。当然，英国政府十分清楚，这些海盗并不是来自加勒比海，而是来自于北美沿岸。在北美沿岸，很多地方的州长允许海盗们出售自己劫掠的财物：季尤的州长朋友本杰明·弗莱彻就允许海盗在一个港口出售赃物，但要求每个船长交款700英镑；另一个州长威廉·菲利普甚至邀请海盗们来到波士顿，让他们随意出售劫掠来的财物；巴哈马群岛总督尼古拉斯·特罗特收到了艾韦里送来的7000英镑，因为他允许海盗在海上劫掠后上岸；费城州长则把自己的女儿嫁给了一个海盗船长；而在整个新泽西州，没有一个人敢把海盗们绳之以法。尽管如此，英国政府迫于印度的压力，还是硬着头皮派出了捕敌船去抓捕这些海盗。

马达加斯加是海盗的王国

在许多人的印象中，海盗这个词往往和野蛮、粗鲁联系在一起，但是也有一些人是为了追求公平正义才去做海盗的。法国海盗米松就产生过这样的想法，并且按照自己的理想去做了。他领导的海盗是为了公平正义而存在的，可以说得上是一支正义之师。米松和他的海盗队伍在17世纪末上演了一场传奇，他们谋求建立一个自由的乌托邦。在这个乌托邦里，没有剥削和压迫，每个人都是自由、平等的。而米松也确实和自己的老师卡拉契奥利一起创建了一个这样的国家，虽然这个国家的寿命十分短暂，如同历史的璀璨星河中划过的一道流星，但是它带给人们美好愿景至今令人神往。

米松和自己的老师卡拉契奥利一见如故，无话不谈。卡拉契奥利向米松讲述了许多新奇的观点，这些观点正契合米松骨子里的叛逆、不受约束、富有冒险精神的性格，两个人的交谈就这样迸发出了思想的火花。于是，他们决定一起勇闯天涯，建立一个理想的国家。

两个人一起登上了富尔本船长的“维多利亚”号，离开了那不勒斯湾。两天之后，“维多利亚”号遇上了海盗。在战斗的过程中，许多水手都牺牲了，但是，师徒二人作战勇猛，最终保全了自己的船只。从此，船长富尔本对他们两人更加信任，而他派给他们的任务，他们

马达加斯加岛

也都能非常出色地完成。在船上的时间久了，师徒二人也逐渐树立起了自己的威望，他们会在船上宣扬自己的民主思想，引起了许多水手的共鸣。等这些思想深入人心的时候，他们发动了革命，推翻了“维多利亚”号上原来的掌权者。这样一来，米松和卡拉契奥利就成为了正在建立中的水上乌托邦的首领，成为了名副其实的海盗。

不久之后，米松和卡拉契奥利确定了国家的旗帜，并起草了这个新生国家的宪法草案。他们在抢劫船只的时候，显得非常绅士，往往是用请求的口吻，让别人送给自己一些东西，从来没有伤害过别人的性命。这样的行事作风常常让被劫船只的船员感到十分惊讶，这群海盗竟然不使用暴力或威胁的手段逼迫他们乖乖就范，因此通常会非常主动地答应米松的要求。重要的是，米松并不贪婪，只向他们索要一些生活必需品，从来不染指金钱和珍宝等贵重物品，以至于卡拉契奥利不得不劝说他：积累一些金财富是有必要的。

米松虽然听从了老师的劝说，但是他有自己的原则。如果遇到的是穷人，他就会把他们放走，只有遇到了富人，他才会毫不留情地把所有东西都据为己有，颇有一些杀富济贫、替天行道的意味。米松有着高超的智慧，而且能够以身作则，逐渐成为了其他海盗效仿的楷模，他手下的海盗当中，有一些人本来是粗鲁无礼的，而且喜欢打架、酗酒，但是，他们在米松的感化之下，逐渐把自己的陋习改掉，变成了温文尔雅的绅士。

在一个地方待久了，难免心生厌倦，米松和卡拉契奥利决定去西非海岸。在西非海岸，米松领导大家截获了一艘来自荷兰阿姆斯特丹的“尼弗斯塔特”号，船上运载的都是黑奴。米松感到非常气愤，并发表了一场精彩的演讲，这个演讲不但引起了全体船员的喝彩，而且也感染了被俘虏的荷兰人，这些荷兰人起初还有自己的恶习，但是时间久了，也就融入了米松的队伍当中，变得绅士起来，并且对米松非常尊重。

在很长的一段时间里，米松是以科摩罗群岛作为据点的，这个群岛位于非洲东海岸和马达加斯加岛之间，因此，他把自己的队伍命名为科摩罗联盟。随着队伍的不断壮大，科摩罗联盟的资本也渐渐充足起来，于是，米松向自己的老师提出了建立民主共和国的建议，老师十分赞同，不过他认为需要和当地的头领联姻。最终，米松娶了当地首领的女儿，其他船员也娶了当地人为妻。

但是，他们的计划却遭到了当地居民的反对，因为他们固守传统，无法容忍米松等人的新思想在这里立足。最终，双方发生了冲突，结果是保守思想占了上风，米松和其他人只能落荒而逃。米松带着沮丧的心情和其他人逃到了马达加斯加东部的一个海湾里，并在这里定居下来，当地的马达加斯加人对这些外来移民非常友好，这让米松和卡拉契奥利重新燃起了希望。他们在这里建立起国家，把国名定为“自由”，建起了整齐的村落，而且筑有坚固的防御工事，以免遭受袭击。他们还和当地人结成联盟，共同保卫自己的家园，并且逐步完善了国家制度。

“自由国”在经济上废除私有制，建立公有制，设立公用国库用于满足全体公民的需求；他们平均分配劳动产品，欧洲人与当地人拥有同样的权利；劳动是每位公民的义务，不设任何劳动奖励。由于“自由国”在政治、经济、军事等方面都具有极大的吸引力，许多其他国家的水手也纷纷加入了这个“自由”国度。在这片土地上，我们最常听到的是这 4 种语言：法语、英语、荷兰语和葡萄牙语，另外还有各种各样的当地土著语言。

在米松的带领下，这个国家飞速发展，并且实行了明确的社会分工，在劳动的时候，人们会喊着响亮的劳动号子，激发着大家的干劲儿。“自由国”安定下来以后，米松决定对马达加斯加的周围进行考察。在考察的过程中，米松把一些奴隶解放出来，并把他们带回到自己的国家。

就像米松和卡拉契奥利的愿望那样，在这个自由的国度里，没有任何阶级、种族和民族的差异，真正实现了人与人之间的平等。然而，好日子并没有持续太长的时间，一些岛内的贫困部落对他们非常嫉妒，对“自由国”发动了战争，许多人在战争中被杀，“自由国”就这样土崩瓦解了。

海盗基德的故事

海盗基德的一生可以用“传奇”两个字来进行概括，他的一生就是一部惊心动魄的史诗。1645 年，基德船长出生在苏格兰港口城市格林诺克一个虔诚的基督徒家庭，他的父亲是当地基督教长老会的神职人员。基德出生的年代，也是英国在世界舞台上大显身手的年代。当时英国打败了荷兰，取得了荷兰在海上霸主的地位，而且逐渐强盛起来。

基德到了20岁的时候，便只身一人去美洲发展，那时的基德已经是一个在海上漂泊多年、见多识广的优秀水手了。1689年，英国和法国开战，两国之间断断续续打了将近100年，最后以英国胜利告终。英国和法国开战后，基德应征入伍，当上了英格兰海盗船“布莱斯特威廉”的船长，在西印度群岛和加勒比海一带打击法国人，并屡屡成功。1691年5月，基德娶了一位富有的寡妇，并且在曼哈顿购置了一套房产，生儿育女，过着平静安详的生活。

基德从小就过惯了在海上漂泊的生活，陆地上一成不变的乏味的日子很快就让他感到厌倦，他仍然向往着当一名水手的豪放生涯。但是在曼哈顿，他只能整天地和商人、官员打交道，这一切都提不起他的兴趣。

1695年，基德来到伦敦，在那里结识了贝洛蒙特勋爵。这位勋爵向他提出了一个绝妙的建议，他告诉基德，印度洋上的海盗正严重困扰着英国政府，虽然东印度公司曾经多次请求皇家海军前去剿匪，可是正在同法国交战的英国海军却没有余力去对付那些狡猾的海盗。于是贝洛蒙特勋爵向基德建议说，他可以召集几位英格兰的贵族出资组织一艘战舰，让基德担任船长，到印度洋上去打击海盗，夺回被抢的财物。这样既可以保证英国的海上贸易顺利进行，又可以压制海盗的活动，而且无论是对英国政府、出资建造战舰的股东，还是对基德本人来说，都可以获得巨大的利润。

这个时候的基德年纪已经不小了，但是他不愿意过平静的生活，几乎是立刻就答应了勋爵的建议，并且表示自己非常乐意为英国政府服务，一些海军大臣还对他的这次行动提供了资助。基德造了一艘名为“冒险号”的三桅帆船，勋爵为他招了150名水手，英国政府还给基德颁发了特许证，允许他对敌国的船只发动袭击。

基德带着一班人马来到了自己第一个目的地——纽约港。他在这里用港区的闲散人员和偶尔遇到的人补足了船员后，就离开了纽约港，但是在整整一年的时间里，基德没有发现一艘海盗船或法国船。此时，基德的身份是不明确的：他是半个捕敌船船长，又是半个海盗。但是最终，基德还是归向了海盗的一边，不过他几乎没有什么收获。后来，基德遇到了一些法国船，才勉强能够维持生计。

这样的生活持续了一段时间，直到在一次劫掠中，基德终于倒了大霉。因为他劫掠的是一艘英国船只，这严重损害了东印度公司的利益，并宣布基德为海盗，他的特许证也作废了。最终，基德被英国当局抓住，并被判了绞刑。

海盗中的达伽马：托马斯图

在西方人眼中，古老的东方文明是神秘莫测的，他们总想要一探究竟。在很长的一段时间里，他们对于东方的印象始终停留在《马可·波罗游记》中所描述的内容上，这里到处遍布着黄金与香料。但自从十字军东征以来，仅有的陆路交通被土耳其人切断了，阻隔了与东方文明的交流。在这种情况下，不管是从经济、政治角度，还是从宗教传播的角度来讲，都有充分的理由寻找一条新的航路来促进东西方文明的交流。1497年，葡萄牙人达伽马绕道好望角，踏上了印度的土地，由此敲开了通往东方的大门。

到1600年英国东印度公司成立的时候，荷兰、法国等许多欧洲强国都在这个地方设立了办事处，他们相互倾轧，展开了激烈的斗争，为了争取到更多的利益，各方都想尽量讨好莫卧儿王朝的统治者。

莫卧儿王朝之所以会成为他们争相拉拢的对象，是因为当时的莫卧儿还是一个非常强盛的王朝，直到 1739 年对波斯战争失败后，才沦为了英国东印度公司的傀儡，并最终在 1858 年成为英属殖民地。这一切发生之前，印度洋上还十分平静，当时的欧洲海盗经常在大西洋上或者加勒比海上出没，因为距离的原因，再加上气候恶劣，还没有人愿意长途跋涉跑到印度洋来从事劫掠活动，直到 1692 年，才有一个敢为天下先的人，这就是被称为“海盗中的达伽马”的托马斯图船长。

许多海盗都出身于下层，没有人知道他们具体是哪一年出生的，托马斯图也不例外，人们只知道他大概是在 17 世纪中叶出生的，出生地是在罗德岛，最早的时候当过武装民船的船长。说起武装民运船，它的来历非常有趣。

这种船可以说是当时欧洲各国争夺海上霸权的产物。各国为了维护自己在海上的利益，不惜动用了包括“鼓励海盗袭击他国船只”在内的一切手段，因此，虽然各个国家表面上都表现出与海盗不共戴天的样子，却暗地里把这些海盗笼络在一起，为自己所用。于是，武装民运船队就这样应运而生了。表面上他们好像是在为皇家服务的，并且起到保护商船的作用，而实际上他们经常以“保护”为借口去劫掠外国的船只，所以他们和海盗之间的界限并不是那么的清楚。

在当时的情况下，被某个国家捧为英雄的民运船船长，往往会是别国处处通缉的海盗头目。由于这个原因，武装民运船在当时也被称为“海盗的学校”，很多著名的海盗船长都是从武装民运船里走出来的，托马斯图也是如此。

1692 年，托马斯图入股经营“友谊”号快帆船，并通过向一名官员行贿，得到了一张委任状，这张委任状让他获得了袭击非洲的一个

法国海上贸易站的权利。但是，托马斯图真正的目标并不是这个海上贸易站，船出港以后，他就向船员们讲述了自己的计划：他要去东方寻找自己的发财梦。这个计划得到了船员们的一致认可。他们的心里都十分清楚，一旦自己成功了，以后的日子就可以吃喝不愁，过得逍遥自在。但是一旦失败了，将会跌入万劫不复的深渊。

“友谊”号向东沿着达伽马走过的航线朝着印度洋的方向出发了，结果，刚走到红海海口的位置就遇到了莫卧儿帝国的一艘商船。我们可以想象得出来，当时的托马斯图是多么的兴奋，他端起酒杯，把朗姆酒一饮而尽，喊了一声：“伙计们，我们终于要发大财了！”就一个箭步冲上了敌船，60名手执滑膛枪挥舞着战刀的水手跟在他的身后。经过一番战斗，制服了300名印度士兵，成功地捕获了第一只猎物。当他们砸开宝箱时，眼前所看到的把他们给惊呆了，宝箱里面装满了奇珍异宝，闪闪发光，一箱金条比抢劫10艘法国船只还要划算，托马斯图知道这次不虚此行。

从此以后，只有8门火炮的“友谊”号疯狂劫掠，他的航程将近22 000海里。

托马斯图沿着阿拉伯和印度的海岸线一路劫掠，胆子变得越来越大，他们甚至还绑架了一个土邦邦主，并勒索了几大车的战利品。1694 年 4 月，当“友谊”号回到罗德岛时，在它带回来的所有东西当中，仅黄金和白银就价值 10 万英镑，这意味着就算是船上的见习水手，也可以分得 1200 英镑。默默无闻的托马斯图一下子声名鹊起，年轻人纷纷辞掉工作，追随他的脚步。

包括当时的英国总督在内的社会名流们也多次邀请托马斯图参加宴会，但是受到震撼最大的还是托马斯图的同行们。从大西洋到加勒比海，从圣马丽诺港到新普罗维斯顿，到处都在传播托马斯图在东方成功劫掠大量财富的消息。自此，“西方战场”不再是海盗们唯一的选择，更多人把目光转向了东方，莫卧儿帝国和东印度公司从此过上了鸡犬不宁的生活。

“功成名就”的托马斯图并没有满足，1694 年 11 月他再次雄心勃勃地起锚向东准备带回更多的财富，第二年 9 月，他在红海上与一艘印度船战斗时被乱枪打死，据说他的肚子开了花，肠子流了一地，没有人知道那天是几号，先驱者托马斯图连自己的忌日是哪一天都不知道就下了地狱，像大多数海盗一样，他从大海中来，最后又回到大海中去了。

辛格尔顿的原型：亨利·埃弗里

大家都知道，笛福有一部著名的小说，名字叫《辛格尔顿船长的生平历险和海盗经历》，我们通常把它叫做《海盗船长》，很多人都读过。但是知道辛格尔顿船长原型的人却不多，他就是亨利·埃弗里。

1653 年，埃弗里在英国的朴次茅斯出生，10 多岁的时候就在船上当起了见习水手。长大成人以后，埃弗里在非洲的几内亚湾从事贩卖黑奴的贸易，当他 40 岁的时候，才当上了受西班牙雇佣的武装民运船“查尔斯二世”的大副。

1695 年春，埃弗里和他的手下们在加勒比海上面漫无目的地游荡着，打算寻找一艘法国船只下手，就在这个时候，托马斯图在东方发财的消息传到了他们的耳朵里，这个消息令埃弗里兴奋不已，他开始做起了自己的发财梦。于是，他马上带人发动了起义，由于平日里在水手中的威信，几乎没费什么力就争取到了所有的水手。5 月，当“杰尔斯二世”停靠在西班牙拉科鲁尼亚港补给时，埃弗里找到了机会，一天深夜，他趁船长吉布森喝得酩酊大醉之际，和水手们悄悄解开了缆绳，当船长酒醒发觉时，船已行驶在大西洋上了，埃弗里宣布自己为新的船长，他更换了新的船旗，并且给船重新起了个好听的名字——“幻想”号。

一行人走到红海海口的时候，遇见了与他们有着同样想法的海盗船，这些海盗船共有 5 艘，他们把船只合在一起，结成联盟。埃弗里还被推举为这支“联合舰队”的指挥。他们已经做好了万全的准备，只等着商船出现了。

这一年的 8 月，埃弗里和他的海盗队伍遇到了莫卧儿王朝的商船，但是因为距离太远，所以 25 条船中的任何一条他们都没有追上，都让它们从自己的眼皮下面溜走了。因为错过了这支商船队，他们懊悔不已。正当大家沮丧的时候，一艘庞大的船只出现在他们的视野当中，这艘船叫做“冈依沙瓦”，是当时莫卧儿王朝最大的船，装有 62 门大炮和 500 名枪手、600 多名旅客以及 50 万块金锭和银锭，水手数量是“幻想”号的 4 倍。尽管这样，埃弗里仍然意志坚定，指挥着小小的“幻想”号冲了上去。

埃弗里在很小的时候就跟着别人出海了，因而有着丰富的航海经验和准确的判断力。在这场战斗中，“幻想”号在埃弗里的指挥下出

海盗船

尽了风头，它迎着“冈依沙瓦”的“乱炮”开火，并且击中了“冈依沙瓦”的主桅。这个情景把船上的印度人吓坏了，他们几乎乱得像一锅粥一样，于是海盗们趁机登船，经过了大约两个小时的战斗，懦弱的印度船长最终还是举手投降了。巨大的战舰“冈依沙瓦”就这样被一艘海盗快船击败了，这场战斗非常经典，因为他们依靠着少数人在印度洋上战胜了多数人，仅仅几个小时就把“冈依沙瓦”号击败。

但是，这次劫掠把莫卧儿王朝的国王彻底激怒了，并不只是因为损失了价值32万镑的财物，更让他无法接受的是，这艘船是从麦加朝圣刚刚归来的，这可以说是对神的大不敬。于是，国王一方面要求东印度公司对自己做出赔偿，另一方面要求西方几个海上大国帮助自己护航。从此，亨利·埃弗里就成为了大英帝国的头号通缉对象。

后来，埃弗里通过行贿，得到了地方长官的庇护，所以虽然参与劫掠的许多海盗都被处以绞刑，但埃弗里却成功脱险，带着不菲的财富逃到了不为人知的地方安度余生。

关于埃弗里的逃脱，有许多不同的版本，有的人说他是在都柏林隐藏了起来，还有人说在他的家乡朴次茅斯见到过他的身影。正因为他的扑朔迷离，才引发了许多人对他的兴趣。他的故事还被编成了剧本，而且成功地在皇家剧院上映，引起了极大的轰动效应。笛福的名著《辛格尔顿船长的生平历险和海盗经历》中的辛格尔顿船长就是以埃弗里为原型塑造的，小说的结尾说辛格尔顿船长忏悔了自己的所作所为，隐居在伦敦的郊外，与好友威廉及他的妹妹一起过着幸福的生活。

埃弗里虽然已经消失在历史的烟尘当中，但是他的故事仍然在口口相传。他之所以有这么大的魅力，不仅是因为他在作战时英勇果断，也不仅是因为他的航海技术了得，最主要是因为在英国遍地通缉他的时候，他仍然可以成为漏网之鱼，逍遥法外，给他的一生蒙上了神秘的面纱，让人觉得颇为传奇。

Part 6

凶横的索马里海盗

生活在现代的人们，每每提到海盗的时候，首先会想到的便是索马里海盗，因为他们经常出现在新闻画面当中。这群海盗有自己的武装，常年在亚丁湾海域出没。他们喜欢绑架人质，然后进行勒索。在这一部分，我们将对索马里海盗进行更详细的介绍。让我们更加贴近他们的本来面目。

亚丁湾海域的海盗身影

发生在 2005 年 11 月 5 日凌晨的索马里海盗袭击美国嘉年华游轮公司旗下的豪华游轮“精灵”号事件，再次引发了全世界人们对海盗的关注。这一游轮在途经索马里时遭遇了火箭弹的攻击，船上后舱起火，300 多人面临生命危险，所幸船上配备的武器“声弹”化解了这一危机。而这次袭击事件只不过是众多起海盗袭击商船、游船、运粮船等的其中之一。

亚丁湾的名字来源于也门的海港亚丁，它位于索马里和也门之间，与北方的红海相连。这片海域是船只往来印度洋和地中海的必经之地，也是波斯湾石油运出本境，送往欧洲和北美洲的重要航道。该地区海盗活动泛滥，因此被人们称为“海盗巷”，它的沿岸主要有亚丁、博萨索、柏培拉这三个港口城市。亚丁湾的战略地位也非常重要，它是连接印度洋和地中海、大西洋航线的中转站和燃料港，扼守着整个中东地区和地中海东南出口，同时也是进出苏伊士运河的咽喉。

亚丁湾的北面是阿拉伯半岛，南面是非洲之角，西部逐渐狭窄，形成塔朱拉湾，东面到达瓜达富伊角的子午线（也就是东经 51°16′）。亚丁湾的面积为 53 万平方千米，东西长 1480 千米，平均宽度 482 千米。而塔朱拉湾即是由希贝海脊在港口呈东西走向的较浅的沟谷形成。在亚丁湾有两个著名的海港：北岸的亚丁港、南岸的吉布提港。

从 1991 年索马里爆发内战以来，亚丁湾就一直战乱不断，已经持续了十几年，导致当地百姓的生活十分贫困，人们为生活所迫，就加入了海盗的行列，人称索马里海盗。他们直接抢劫或绑架人质进行勒索。索马里海盗有四大团伙：邦特兰卫队、梅尔卡、国家海

亚丁湾上的护航舰

岸志愿护卫者、索马里水兵。其中，索马里水兵势力最大。2009 年，索马里海盗被选为《时代周刊》年度风云人物。2011 年 4 月 11 日，联合国安理会决定在索马里本土和境外设立专门审判索马里海盗的法庭。

2008 年，一个名叫“中部地区海岸巡逻队”的索马里海盗团在一天之内劫持了 3 艘船，有泰国的渔船、希腊的货船，还有一艘我国的货船。如此猖狂的海盗活动使得众多经过索马里海域的航运公司纷纷改道：挪威海运企业 Odfjell SE 宣布，旗下近 100 艘油轮将改道南非好望角，公司首席执行官说他不会让自己的船员陷入被劫持的风险中；世界最大海运企业、丹麦斯维策公司、一家液化石油公司也称要改变航线，避开索马里海域。

美联社援引市场分析师的话说，改变航线会使送货的时间延长至 12 ~ 15 天，而在海上航行一天的成本就需要 2 万 ~ 3 万元，这些增加的成本最终会计算在商品的价格上。此外，针对亚丁湾的海运保险费也剧增，这些成本的增加，最后必然要加在商品上，所以全球商品价格猛涨。

1991 年以来，索马里海盗的队伍不断壮大，武器装备也越来越精良，经过亚丁湾、索马里海域的船只频繁被劫，他们的活动越来越大胆，劫持的船越来越大，要的赎金也越来越高，甚至连军舰都敢劫持。今天，猖獗的索马里海盗已经成为全世界的灾害，据联合国国际海事组织的统计，从 2008 年开始，该地发生的劫持事件已经超过 120 多起，超过 30 艘船只遭劫，被绑架的船员超过 600 人。

2008 年，索马里的海盗活动更加猖獗：9 月 25 日，乌克兰军火船被劫，上面装有 33 辆主战坦克；11 月 15 日，沙特阿拉伯巨型油轮“天狼星”号被劫持，它全长 330 多米，比美国核动力级航母还大；12 月 17 日，我国货轮“振华 4”号也在亚丁湾水域被劫持，最终在各方共同努力下，“振华 4”号成功脱险，船上的人也都安然无恙。

“天狼星”号遭劫持时，附近虽然停留着 8 国军舰，有美军第五舰队的、北约的、俄罗斯的、法国的。美军第五舰队指挥官克里斯滕森说，他们正在监控局势，但应该不会派出军舰救援。但克里斯滕森拒绝透露关于监控遭劫船只的事项。北约在这一区域停驻的军舰是护送运往索马里的粮食的，它的发言人也称不会干预遭劫船只，因为他们没有那样的权力。

为何索马里海盗如此猖獗？主要跟该国动荡的政局有关。1999 年索马里内战爆发，没有一个军阀可以结束这个混乱的局面，索马里就此陷入了长达十几年的内战，在 2004 年才成立了过渡政府。不过在 2007 年，反政府武装占领了大部分国土，此时反政府也严厉打击过索马里海盗，甚至将索马里海盗打击至一度消失，但是依靠美国和埃塞俄比亚的暗助，过渡政府又夺回了大部分领土，反政府武装也一直袭击过渡政府，主政者无暇顾及索马里海盗。而且内战的频繁使得百姓生活艰难，那些贫苦的百姓有两条路可走，加入军阀或成为海盗，而后者风险低获利高，自然成为他们的首选。亚丁湾是重要航道，20 世纪 90 年代初，就有一些军阀抢劫船只、勒索赎金获得丰厚财物，后来的人便纷纷效仿了。

同样是海盗，索马里却与其他海盗不同，他们只为赎金。而印度洋海盗主要是登船偷盗；马六甲、印尼海盗无恶不作；尼日利亚海盗主要是为了掠夺石油，在赎回的要求中还会加一些政治要求。索马里海盗一再声称他们不是恐怖主义，在赎回的要求中也不会附加任何政治要求，他们只是为了赎金。可见他们确实是贫穷，也能反映出内战是导致贫穷的主要原因。

索马里海盗还会经常拿出钱财帮助当地修建学校，建造公路、医院等，总之是为了帮助广大百姓，所以当地人并不恨他们，也不会担心扣押的人质安全，因为他们知道海盗们是不会杀人的，他们只是为了赎金。

面对海盗泛滥，多个国家已经采取了措施，有许多国家已经派出了军舰护航，包括美国、俄罗斯、法国、中国等，不过各国海军行动都被联合国条约限制。一些船运公司开始准备雇佣保镖，甚至将船上的水手全副武装。国际海洋组织也建议如果一定要经过那些区域的航船最好夜间行走，通过高压水龙头打击接近的海盗。

为了保障船员的人身安全，也为了维护国际航线的安全，联合国通过了多次决议（2008 年的第 1816 号、第 1838 号、第 1846 号和第 1851 号）授权各国军队在征得索马里政府的同意后为船队护航，入境打击索马里海盗。2008 年 12 月 16 日，联合国安理会一致通过的第 1851 号决议决定：从即日起 12 个月内，授权有关国家可以采取一切必要的措施打击、制止海盗行为。索马里过渡政府也欢迎各国入境打击海盗。

截至2008年，已有欧盟、美国、俄罗斯、中国、印度等派出军舰进行海上护卫船只，或者打击索马里海盗。不过真正的解决之道还是帮助索马里实现和平统一、结束内战，这样人们才不会被迫入海为盗。

2009年1月12日，我国组织了海军护航编队为“振华13”号、“振华14”号和“宇善”号等船只护航。其中，“振华13”号、“振华14”号是上海的船，而“宇善”号是台湾的船只。这次护航的起点是曼德海峡东口，当日的天气晴朗，几艘被护航的商船呈一字长蛇阵排开，前后跟随，“武汉”舰在一侧大约中部位置护航，整个船队的队首和队尾的船上都有特战队员在保护。当进入到风险较大的海域后，“海口”舰也加入护航队伍，灵活地活动在船队周围。

最后，中国首批护航舰队圆满完成了任务，护送了206艘商船安全通过索马里，并成功解救了3艘外国商船，维护了海上航行的安全。

2009年4月13日6时许，我国又组织了第二次护航，这次护航的舰队有“武汉”号、“深圳”号、“黄山”号3艘导弹驱逐舰，“武汉”号、“深圳”号的旗子上还分别打出“欢迎战友到来”和“你们辛苦了，向你们学习”的旗语。

勇敢的菲利普斯船长

在被索马里海盗劫持的人员中，有一名非常勇敢的船长，他的名字叫做菲利普斯。

2009年4月8日，菲利普斯船长押着一艘载着联合国救援物资的船航行至亚丁湾，被海盗盯上了。当时，菲利普斯船长正在组织船员进行消防演练，船长说当时海盗还离得很远，也不能确定情况，他们也做不了什么，但是消防演练一定要完成，不过也有一些船员认为海盗已经很近了，应该做好准备。

索马里海盗

当海盗真的逼近的时候，船长假装用无线电联系美国海军，并假冒美国海军的应答，故意让海盗们听到，成功地吓退了一些海盗，但还是有一艘快艇逼近。快艇靠近的时候，船长菲利普斯对他们发射信号弹，同时让船不断转向使海盗们不容易上来，并用消防喉驱赶海盗，不过这些措施还是没能阻止海盗，他们最终登上了船，还不断鸣枪恐吓，控制了船。

菲利普斯船长为了船员的生命安全，将他们集体反锁在一间安全的屋子里，自己则上前主动受俘。海盗们在船上搜索其他船员，有几名船员被找到并被制服，但是大部分的船员都跑到了高温的机房里。被俘后，菲利普斯船长还从船上的保险柜拿出数万美金换取安全，不过海盗们并不满足，他们想要更多。菲利普斯船长为了拖延时间，假装听不懂海盗们说的话，并假装船坏了，以放慢船速。

海盗们押着菲利普斯在一艘救生艇上待了整整5天的时间，他们向美国政府要的赎金是200万美元，并说如果美国政府敢耍花样，他们就会杀掉船长。在作为人质的期间，菲利普斯船长曾试图跳水逃走，不过还是被抓回来了。

美国曾多次宣称，不会向恶势力低头，因此他们拒绝海盗们的一切条件。而是派出了军舰去营救菲利普斯。这次的营救行动获得奥巴马的批准。不久，美国军舰赶到，并和海盗进行了谈判，不过由于美军强硬，既要确保人质安全，还要将4名海盗惩办，因此谈判破裂。

在11日，海盗救生艇上的粮食、燃料等几乎耗尽，因此同意由美国军舰“班布里奇”号提供这些东西。在这期间，一名曾被船员弄伤的海盗主动请求上美国军舰上治疗，据美国人员称，实际上这名海盗根本就没打算再回救生艇，他实际上是向美军投降。

海盗的救生艇失去了动力，只能漂流在海上。那时它距索马里海岸已经很近了，所以美军做好了防范海盗增援部队到来的措施，同时尽量靠近这艘救生艇，使它处于可控制的范围内，不让它登陆逃跑。

在这期间，海豹突击队已经秘密到达，随时准备出击。12日傍晚，海盗们突然发射了一发曳光弹，令双方的气氛变得紧张，海豹突击队做好了狙击准备。美军观察到海盗用枪指着船长的背部，他们认为船长面临死亡的威胁，于是美军长官下令立即击毙3名海盗，3名海豹突击队员准确命中目标，当场击毙3名海盗，然后迅速到达救生艇救出船长。

菲利普斯获救后登上美国军舰接受了健康检查，所幸并没有大碍。

当时，美国正在考虑是否在美国本土起诉被逮捕的海盗，如果真是这样的话，根据美国的法律，那名海盗会被判处无期徒刑。

美国人对索马里有着很深的黑色记忆。1993年，美国驻索马里的特种兵和当地民兵战斗的时候造成了18人伤亡和多架飞机坠毁的惨剧，不久，当时的美国总统克林顿就下令撤军，不想再干涉这个是非之地。美国国防部说会采取这样的行动是因为船长的生命受到了威胁，美国总统奥巴马说他们有决心打击这里的海盗活动，防范这类事情发生。

奥巴马总统知道菲利普斯船长获救的消息后，表示祝贺，并对他的舍己为人的精神表示敬佩，说他是全国人民的榜样。奥巴马表示将会继续和周边国家合作严厉打击索马里海盗，防止类似事件发生，并会将他们绳之以法。

几天前，法国在解救人质的过程中击毙了2名海盗，并抓获了3人，再加上这次美军的行动，更加激化了索马里海盗的愤怒。在这件事之后，索马里回应要采取报复行动，他们称对于任何见到的法国人和美国人都会采取行动，也不会停止他们的日常海盗活动。美国海军中将司令哥特尼在新闻发布会上说，这样的行动会引来更大的报复行为，这一地区将会更加不稳定。法国国防部长埃尔维莫兰也提醒法国人远离这个海域。东非“海员援助组织”负责人安德鲁·穆万古拉以及索马里境内的温和伊斯兰派别都表示了类似看法，都认为这样的行动只会让袭击更加猖獗。

由于苏伊士运河的通航能力有限，一些巨型油轮无法通过，只能从印度洋绕行好望角，索马里海盗如果远行去劫持这些货船，将取得更加可观的赎金。近来，远至非洲东南部的莫桑比克海峡附近已经出现了索马里海盗的身影。

美国海军认为，现在停在索马里海域的十几艘不同国家的护航舰远不够满足所需，但是究竟要如何解决索马里海盗这个难题，现在还没有答案。

埃费亚尼海盗团伙

埃费亚尼在 1991 年索马里爆发内战时被抓去当兵，那时他才 12 岁。他从小就心狠手辣，得到军队长官的赏识，一直提升他，不过，贪婪又心狠手辣的埃费亚尼竟将提拔自己的长官杀死，自立为王。

当时，索马里的一些非常贫困的人已经开始靠抢劫过往船只为生了。埃费亚尼看到这样的行为可以发大财，就建立起自己的海盗队伍，逐渐吞并附近的小海盗，势力越来越大，加上他们资金充足，装备也就越发精良。

埃费亚尼的海盗集团

这些海盗不像那些小海盗的“小打小闹”，他们一出动就是数百千米远，常常出动几艘非常大的“海盗母船”，还有数十艘快艇随行。他们每天在海上寻找着“猎物”，一旦发现后，伪装成渔船的“海盗母船”就放下快艇，被劫的船面对装备精良的海盗团，只能遵从他们的要求。

至于赎金，埃费亚尼会根据船上的人以及上面的物品价值来确定。他也遵守约定，只要船主交纳赎金，他们不会伤害人质。这些海盗活动每年获得的资金是相当可观的，这些钱财一些会赏赐给手下，一些会用来购买更先进的武器装备和快艇等。为了获得民心，埃费亚尼也会拿出一部分钱财为当地民众做好事或直接给他们。对于自己的海盗行为，他们自称是维护自己国家的领海资源，别国侵犯了索马里的领海主权及掠夺渔业资源，必须向他们交一些赎金作为补偿。

亚洲的渔船也遭受过这伙海盗团的劫持。2006年4月4日，韩国“东源628”号渔船在此海域被埃费亚尼手下劫持，最后交纳了80万美元的赎金才避免人员伤亡。不久后，我国台湾的渔船“庆丰华168”号渔船也被这伙海盗劫持，生还的辽宁籍船员江立春回忆：被劫持期间，有外国军舰试图靠近解救我们，不过这伙海盗用枪指着人质作为威胁，外国军舰只能无奈离去。海盗们看管得很严，每天都有十几个海盗在船上监视，他们有时还会殴打我们。有一次，船上的厨师为了和被困的韩国渔船换一些油，被海盗发现，就把全部的人押到甲板上殴打。2006年5月25日，谈判没有达成共识，辽宁籍船员陈涛被埃费亚尼杀害，最后交了150万美元的赎金后，江立春以及其他10余名船员才被释放。

除了这一次，在2007年5月15日这天，共有包括10名中国船员在内的两艘坦桑尼亚籍渔船也在索马里海域被这伙海盗劫持……

针对我国船员或船只频遭索马里海盗劫持，我国海事局于2007年5月发出了防范索马里海盗的紧急通知，要求各船长谨慎航行，做好防范海盗劫持的准备，绕开那些海盗经常出没的地方，以免被劫。尽管如此，索马里海盗的活动仍然十分猖獗，在2008年9月，又一艘我国香港籍货船被索马里海盗劫持。索马里海盗不仅劫持我国渔船，其他国家也频繁遭殃，索马里海盗的危害已经威胁到了全世界的航运，引起了全世界的注意。

索马里外交官穆罕默德愤怒地说："索马里海盗劫到船就能要到赎金，这是对他们的纵容，也让他们更加肆无忌惮，埃费亚尼的海盗团也被这样的纵容养肥了。"

"最臭名昭著海盗"：穆罕默德·阿布迪·哈桑

这位令人谈之色变的海盗头子到底有何背景？穆罕默德·阿布迪·哈桑从2004年开始当海盗，到2013年已经当了8年的海盗，他的绰号是"大嘴巴"，是闻名于世的索马里海盗头子，他最出名的事件是"天狼星"号以及乌克兰军船事件。联合国一份报告中称他是索马里"臭名昭著而且非常有影响力"的海盗头子，可谓对他"评价颇高"。

在2013年的时候，他突然宣布洗手不干，要退出海盗的阵营。8年的为盗生涯里，他做出过许多惊天大案，勒索的赎金甚至超过了千万美元。有消息称，穆罕默德·阿布迪·哈桑不做海盗后，曾有意介入索马里政坛。

这位叱咤风云的海盗头子在2013年10月12日被比利时警方逮捕，并已送至监牢看押。当年10月14日，比利时警方向外界公布了这一消息，并为此事在当天召开了新闻发布会。比利时联邦检察官朱安德尔·穆勒在会上公布了逮捕的过程，并说还一同逮捕了一名协助哈桑的索马里政府官员——穆罕默德 MA。

朱安德尔·穆勒说，在 2009 年，他们抓住了两名劫持比利时船只的海盗，但他们不想就此结案，而是想放长线钓大鱼，抓住真正的幕后凶手哈桑。当时，比利时警方已经制定好了诱捕穆罕默德·阿布迪·哈桑的方案。

据朱安德尔·穆勒介绍，警方先通过“线人”联系上了穆罕默德 MA，又通过穆罕默德 MA 联系上了穆罕默德·阿布迪·哈桑，欺骗他们二人说比利时正在拍摄一部海盗题材的纪录片，此次就是请他们二人前往参加摄制，并答应这部纪录片以哈桑为原型，说服穆罕默德·阿布迪·哈桑的过程花费了好几个月，最后哈桑答应了。然后就出现了前面那一幕：比利时警方在布鲁塞尔国际机场逮捕了哈桑。

哈桑能有如此大的知名度不是浪得虚名，他从 2004 年开始，便活跃在北印度洋海盗中，在 2008 年更是闻名了世界。

2008 年 11 月，他和手下劫持了沙特阿拉伯巨型油轮“天狼星”号，上面装有价值 1 亿美元的原油，哈桑这次狮子大开口，一要就是 2500 万美元赎金，后来经过长达 3 个月的谈判，赎金降至 300 万美元。这艘油轮非常大，和一艘美国航空母舰差不多，哈桑连这都敢劫，真的是太大胆了，这次的劫持事件也让他臭名远扬。

2008 年，又有一件大案也是哈桑所为，这次的事件甚至比“天狼星”号更甚。他这次劫持的竟是一艘乌克兰军火船！这艘船上有 30 多辆俄罗斯制 T-72 坦克，还有火箭弹、榴弹发射器等武器及 21 名船员，这么多的武器装备可以装备一支军队了。俄罗斯了解这一情况后，派出了军舰前往。哈桑开出了 3500 万美元的赎金，并威胁说不给钱就卸载轻武器。谈判达一个月，后来，直升机在军火船上方空投了超过

“天狼星”号

300 万美金后，哈桑才释放了这艘船。最终的赎金哈桑至今没有透露，不过有海盗称是 800 万美元。这件事震惊全球，事情过后，十几个国家派出 30 多艘军舰在这附近海域护航。

既然有钱可赚，而且还是一本万利，哈桑为什么要退出呢？

简单地说，就是航行船只增加了防备以及索马里政府的招降。海盗的猖獗使得航行的船只配备了保安，并且各国越来越重视海盗劫持的问题，增加了舰队护航，使索马里海盗劫持的成功率大幅下降，劫持的赎金更在 2012 年创下 3 年来最低的纪录。2011 年 1—9 月，索马里海盗袭击船只 199 次，2012 年却只有 70 次，相较于 2008 年的袭击次数和赎金更是少得可怜，捞不到钱的哈桑自然就想到了退出海盗圈。

另一方面，索马里政府为了表示劝降的诚意，赋予哈桑外交身份和护照。而且这些海盗自身也认识到他们的海盗行为不善，不能再像以前那样为恶了。

虽然这个海盗或者说这个海盗团伙的威胁没有了，不过海盗之患还是没有根除。前面已经说过，这些海盗就像被逼上梁山的英雄好汉，他们因为贫穷下海为盗，一日不解决索马里的内战，这些威胁就不会消失。

Part 7

西方国家的海盗

本章讲述了世界上非常著名的几个海盗的故事。最极具诱惑的是利马宝藏，它是英国海盗乔治·安逊藏在鲁滨逊岛上的巨大宝藏。拉布斯留下天文似的藏宝图至今迷惑着人们。海盗学者威廉·丹彼尔虽是海盗却在地理自然科学上有巨大的成就，得到人们的尊敬，还有英国皇家贵族海盗德雷克环游世界的故事，他们传奇的人生充满魅力，令人向往。

英国海盗爱德华·戴维斯船长的避难所

科科斯岛位于加勒比海地区，这个荒岛曾经无人居住，所以从 17 世纪到 18 世纪，科科斯岛成为了活跃于南美洲太平洋沿岸一带的海盗们的老巢和最重要的据点。当年，海盗们频繁地出动劫掠太平洋中西班牙人满载黄金的货船，而这个只有 25 平方千米的小岛不仅被海盗们当作最适宜的出发地，而且还是保障后勤的大本营。

17 世纪时，著名的英国海盗爱德华·戴维斯船长总是把自己的海盗船隐藏在加拉帕戈斯群岛。戴维斯船长之所以喜欢把船停靠在这里，是因为这里有得天独厚的条件：首先，这个群岛孤零零地位于加勒比海之上，远离对海盗有威胁的国家，地理位置非常优越；其次，加拉帕戈斯群岛是火山岛，它是从海底裂缝中喷涌出来的岩浆涌出地表又经过冷却、凝固而堆积成的小岛，岛上地形崎岖，到处都是火山岩和悬崖峭壁，很容易隐藏，当“猎物”出现的时候，可以快速出击，到手之后又可以马上“消失”；最后，岛上有成群结队的乌龟，为海盗们提供了最好的“活罐头”，海盗们只要登岛，不费吹灰之力，就可以捕捉到许多巨龟，带到船上好好享用。因此，加拉帕戈斯群岛就成了戴维斯船长和他手下的海盗们最喜欢隐蔽的地方。

英国海盗旗

从 1684 年起，戴维斯船长常常驾着他的“快乐的单身汉”号帆船，率领着他的海盗舰队，多次在加勒比海和太平洋打劫来往的船只。凡是被他看中的“猎物”，几乎都逃不出他的魔爪，尤其是从美洲开来的西班牙商船。

在那个年代，大西洋上频繁往来的西班牙船队运送着数不清的黄金珠宝，成为一道蔚为壮观的风景。这些西班牙船队在每年的春天从西班牙本地出发，经过漫长的行程后，穿过大西洋来到美洲大陆，一些去了南美洲，一些去了墨西哥，并从这些殖民地抢来大量财富，最后装船返航。

在海上贸易刚刚起步的时候，西班牙人对自己船只的坚固程度非常自信，而且配备有强大的火炮等武器，所以他们根本不在乎海盗的袭击。可是在实战中，海盗们渐渐发现，西班牙船只并没有想象的那么坚不可摧，他们的坚船利炮根本派不上什么用场。而且，为了能够在几个月才完成的一趟贸易中获得最大的利益，西班牙人常常把原本应该配备武器的空间都留出来装载更多的货物，这就使得船只的战斗力被极大地削弱了。精明的海盗们渐渐地摸清了西班牙船只的底细，于是，他们开始放心大胆地驾驶着小帆船来抢劫西班牙的大帆船，将他们的财富一扫而空——满载着沉重货物的西班牙船十分笨重，根本躲不开海盗船的攻击，在战斗中常常一败涂地。

在很长的一段时间里，海盗船长戴维斯带领着他快速灵活的船队，把那些庞大、笨重、缓慢的西班牙货船打得落花流水，以至于当时西班牙的商船水手连他的名字都不敢提。遭受巨大损失的西班牙商船回国后向政府求援，要求政府派出军舰把戴维斯船长率领的海盗船队剿灭掉。西班牙政府为了保障本国商人的经济利益，维护自己的海上霸权，于是同意派出军舰打击四处流窜的海盗，他们通缉名单上的第一号人物就是戴维斯。

听到风声的戴维斯和他的手下只好躲藏到加拉帕戈斯群岛避风头，而在强大的西班牙海军的四处围剿下，那些驻扎在巴哈马群岛、多尔图加岛或者海地和牙买加的海盗们也不得不将掠夺活动收敛了许多。原来的好日子不复存在了，即使他们抢到了货物，也不大可能从太平洋千里迢迢运到加勒比海老巢，没有办法的他们只好在太平洋地区寻找埋藏宝藏的地点，把抢来的财物暂时埋藏，等风声好转再运到其他地方。

为了避开西班牙军舰的跟踪，戴维斯船长和他的部下躲藏了很长一段时间。后来，他觉得这样藏下去也不是办法，而且加拉帕戈斯群岛是由火山喷发形成的岛屿，有些小岛很容易发生火山爆发，于是，他开始在加勒比海地区寻找新的栖息地，最后，他选中了科科斯岛。

在经过一次大胆而成功的抢劫活动之后，海盗船长戴维斯第一次把他的战利品运到了他选中的科科斯岛，据传，在这个荒无人烟、乱石密布的小岛上，他一共埋下了 733 块黄金。过程是这样的：海盗们用船载小艇把沉甸甸的黄金运上海岸，再拖入深深的密林，他们越过泥泞的沼泽，跨过原始森林里倒下的巨型植物，穿过藤萝缠绕的树木组成的迷宫，费尽九牛二虎之力以后，总算用手里的大砍刀在密不透风的原始森林里砍出一条小路，然后在杂草丛生、乱石密布的小岛深处找到了一个深不见底的山谷，在那个隐蔽的岩洞里，戴维斯船长埋下了他价值连城的宝藏。

这笔宝藏从此再也没有被挖掘出来。许多年以后，戴维斯船长死于远征非洲的一场战斗中，但也有人说他没有死，而是带着一笔巨大的财富在牙买加隐居下来。只有他身上的钱花光时，他才会带着特制的藏宝图，沿着一条秘密的航线前往科科斯岛，从那儿取出埋藏的财宝。但是，科科斯岛上究竟有没有传说中的 733 块黄金，这些黄金埋藏在什么地方，戴维斯船长后来有没有回去取出黄金，这些问题已经无人知晓。

法国海盗拉布斯在塞舌尔群岛上布下的“迷魂阵”

拉布斯生前将他最大的一批财宝藏在了印度洋的塞舌尔群岛，不过，这个像迷宫一样的地方令许多觊觎者望而却步。而他留下的藏宝图也充满了玄机，因为他对文化很热爱，所以藏宝图中有很多的隐喻以及其他一些天文的东西。寻宝者面对着这样一幅天书一样的藏宝图恐怕要破口大骂了。

拉布斯出生于一个海盗家族，父亲是加莱海峡一带有名的海盗，他的父亲在这片区域做海盗的时候，还曾获得法国政府的允许。父亲希望拉布斯将来可以从事正当的行业，通过读书跻身到社会的上流。不过，拉布斯却向往父亲那样的海盗生活，终于，他在 26 岁的时候如愿以偿：法国政府许可他在印度洋上进行海盗活动。

塞舌尔群岛

不过，拉布斯并没有遵守协议把得到的财宝分一部分给法国政府，反而勾结了两个英国海盗一起抢劫法国的船只，因此法国政府开始通缉他，把他列为头号罪犯。

令他名声响彻欧洲大陆的是一次抢劫葡萄牙的船。船上的财宝价值连城，有葡萄牙摄政王加冕时佩戴的宝剑，上面镶嵌着珍贵的珠宝，还有很多金银珠宝等，总之价值不菲。在他当海盗的期间，总共抢夺了5吨黄金、600吨白银，以及其他各类珍宝。

不过拉布斯还是厌倦了海盗的生活，当了14年的海盗之后，他渴望过平静的生活，于是他在1724年向法国政府表示了自己的退隐想法，并愿意向政府交纳许多财宝以表示自己的诚意。但是他犯下的罪行实在太多太大，法国政府没有批准他的书面申请，也绝不会赦免他。之后，拉布斯便消失了。

传言说他可能隐藏在塞舌尔岛，这座小岛非常适合海盗生活，上面有丰富的淡水、新鲜的果实，足够生存所需，这座岛屿美丽而平静，还有很多好玩的大海龟，也可以打发无聊的时间了。同时，岛上有非常多的树木，能够用来制造或维修船只，所以一切的条件已经具备了。传说他在岛上的这几年，把当海盗期间夺得的很多财宝埋在了塞舌尔群岛到马达加斯加海角的印度洋海区，而那些知道这些事情的人都被灭口了。

不过，拉布斯既无法忍受长期的海盗生活，也无法忍受孤独寂寞的隐居生活，终于他还是偷偷出来了。然而他很不幸，一出来就被逮捕了。1731年7月17日，他被处以绞刑。临死之前，他向围观的人群扔出了一张羊皮卷，说："谁能破解羊皮卷上的秘密，就能得到我的宝藏。"这张羊皮卷成了世人关注的焦点，人们纷纷想要破解羊皮卷的秘密，得到那批宝藏。

羊皮卷就是一张藏宝图，学识渊博、才华横溢的拉布斯为这张藏宝图设置了很多的玄机，羊皮卷上画着17排令人费解的图案，而每个图案又各有玄机。这些难懂的玄机实际上是拉布斯用的希腊文化中的隐喻。人们都知道，破解了羊皮卷的秘密就能得到价值连城的宝藏，因此无数的寻宝者试图解开羊皮卷的秘密，然而始终没有人能破解。这张羊皮卷至今还收藏在法国国家图书馆，经过一段时间的寻宝热潮之后，到了19世纪，人们也就渐渐淡忘了羊皮卷。

一直到1920年，一个叫夏尔·萨维的女士偶然发现了藏宝图的副本，虽然藏宝图上深奥的玄机和寻宝所要花费的大量资金都令萨维家族无能为力，但是在1949年，萨维结识了英国人可鲁斯·维尔金斯，而他恰好是一个珠宝鉴定家和探险家，听了萨维讲述的关于拉布斯的传奇经历和他的藏宝图的故事后，维尔金斯深感兴趣，决定前去寻宝。

萨维领着维尔金斯观看了发现藏宝图时找到的两块奇怪的岩石图案：其中一块石头上带着苍蝇的标记，而藏宝图中也出现了苍蝇的拉丁语单词；另一块石头上画着一个洞穴，这在藏宝图中也一直出现。所以，维尔金斯认为这两块石头对于解开宝藏的秘密有很大的帮助，他带着藏宝图的复印件回到了北非，在那里，他查阅了大量的文献资料，花费了半年的时间破解羊皮卷的秘密，终于他认为自己已经完全破解了宝藏的秘密。

那些神秘的数字原来代表着经纬度和航程，而其中的文字与天文学和希腊神话有关，他便向着这些方向研究。然后准备寻宝，经过几年的准备后，他出发了。

维尔金斯在塞舌尔岛挖到了一块石碑，上面刻着两个2.5厘米高的字母，而这也正好出现在藏宝图中，所以他认为寻宝的方向是正确的。然后，他还发现了一块意义更重大的石头，上面刻着指南针的图案，维尔金斯认为这个地方就是拉布斯绘制羊皮卷的地方，藏宝图是以这个地方为坐标的。

同时他认为石头的距离也是有玄机的，他们的距离正好是 630 英尺（1 英尺 =0.3048 米），藏宝图也出现了 630 这个数字，他认为这可能指示着一条很隐秘的通道。他就让工人们一直挖，直到挖到了一个女人石塑。维尔金斯认为这就是藏宝图中的安德洛墨达，因为藏宝图中有安德洛墨达塑像，这个发现让维尔金斯感到就快挖到宝藏了。

后来，维尔金斯又挖到了刻有羊角和土耳其军刀的岩石，他认为羊角代表白羊座，而军刀是希腊神话中帕尔修斯救安德洛墨达时用的武器。不过因为涨潮，而他们要的水泵一直没有送来，所以他们转移地点继续挖。这次他们挖到了许多的骨骼，还有一个貌似入口的地方，他们把它炸开，却一无所获。

整个寻宝过程中，似乎挖掘到的东西都能和藏宝图找到联系，不过他们始终都找不到宝藏，挖了 5 年依然一无所获，钱也花光了。不过，维尔金斯并没有放弃，没过多久，他重新筹备了钱财，雇用了新的工人，又花费了许多年寻找宝藏，但是他依然没有收获。最终，他带着遗憾离开了人世，那批宝藏也一直没人挖掘出来。

德雷克劫掠“世界金银库”

在英国历史上，最著名的海盗有两个，他们是德雷克和霍金斯。弗朗西斯·德雷克出生在英国一个贫苦的农民家庭，当时的英国尚处于资本主义发展初期，也就是资本原始积累时期，许多贪婪的贵族、商人下海掠夺。23 岁时，德雷克加入霍金斯的船队，由于能力出众，一步步得到提升，最后做到商船船长，背后支持他的是伊丽莎白女王。

当时，英国的资本主义发展很快，不过因为原始积累不够，海上实力还不是最顶尖的，西班牙才是当时的海上霸主。早在 15 世纪，西班牙就赞助航海家哥伦布发现了美洲大陆，之后又完成环球航行，因此，西班牙对于海洋的认识远超其他欧洲国家，他们率先进入了美洲，而葡萄牙人则侵入印度。

航海家哥伦布

西班牙人在1519年发现了传说中的黄金之国，也就是现在的秘鲁，西班牙人消灭了当地人，彻底控制了这片地区，秘鲁的金矿成了西班牙独享的财源。为了独享这份宝藏，西班牙封锁航路，不让其他国的船只在附近往来，对此，这些国家也只能恨在心里，其中就包括英国，他们只能通过其他途径进行资本原始积累，如贩卖黑奴。

德雷克在1568年和他的表兄约翰·霍金斯率领船队前往墨西哥进行奴隶贸易。在途中，他们遇上了风暴，于是向西班牙人请求，让他们的船队进入港口修理。最开始，西班牙总督答应了，不过却在几天后突然发动攻击，经过艰难的逃生，船队中只有德雷克和霍金斯两人生还。德雷克想不明白西班牙人为什么要杀害他们，他发誓有生之年一定要向西班牙人报仇，这也决定了他以后的命运。

1572年，德雷克率领船队横穿美洲大陆，第一次见到了浩瀚的太平洋，此时他已经获得英国女王的批准，要劫持西班牙的运金队。他费尽周折，终于打听到了西班牙人的运金路线，并摸清了要下手的地方——德迪奥斯港的地形，同时还找到了秘密的藏身之地。

西班牙的运金船队从秘鲁出发后，通过太平洋行至巴拿马，然后再交由骡队运送到大西洋边的德迪奥斯港会合，所以德迪奥斯港也被称为“世界金银库”。在做好准备后，德雷克就率领船队直奔德迪奥斯港。

开始的时候，抢劫进行得很顺利，不过后来，在西班牙人的猛烈反击下，德雷克的船队伤亡惨重，他的手下所剩无几，两个兄弟相继死去，他本人也受了伤。他的部下劝他回国，但他不肯放弃，苦想办法。终于，德雷克等来了机会，一支运金骡队正载着黄金要去德迪奥斯港卸货，虽然德雷克此时已经没有多少人，不过有当地逃亡的黑奴提供情报，他们冒险出击，掠夺了相当于数十万西班牙金币的财富。不等增援的西班牙军队赶到，德雷克就已经逃之夭夭。德雷克带着大量的财物回到了英国，国民非常欢迎他，把他当成英雄，他也因此获得了英国女王的信任，二人的关系变得非常密切，很多人甚至猜测他们之间有着不可告人的关系。

1577年，德雷克再次乘船出发，一路抢劫直奔美洲沿岸，这是西班牙人没有想到的，他们不认为有人敢在他们的后方实施抢劫，可德雷克偏偏这么做了。德雷克得手之后马上逃走，西班牙军舰再次扑了个空。在逃跑途中，德雷克所乘的船“金鹿”号遭遇了一次猛烈的风暴，之后，他和伙伴失散了，被吹向了南方连西班牙人也没有涉足过的地方。

自从麦哲伦海峡被发现以来，人们一直认为海峡的南方存在着南方大陆，而南方大陆的一部分就是麦哲伦海峡以南的火地岛。不过此时，德雷克面前并没有什么南方大陆，而是浩瀚无际的海洋，德雷克意识到，传说中的南方大陆是不存在的，即使有，也是在更南、更冷的地方。这片海域后来被称为德雷克海峡。不过德雷克并没有再向南寻找南方大陆，而是向西横渡了太平洋。

1579年9月26日，德雷克顺利回国，成为继麦哲伦之后第二个完成环球航行的人，而且是活着完成了环球航行。因为我们知道，麦哲伦死在了环球航行的途中，他被当地人做成三明治吃掉了。因此，英国女王授予德雷克“骑士”的头衔。从此，太平洋不再是西班牙一家的天下。

1587年，亲西班牙的苏格兰女王玛丽被英国女王处死，西班牙对英国宣战。但是，当时的英国海军还不足以抵抗强大的西班牙舰队，在英军面临危机时，德雷克率领25艘海盗船挺身而出，他在西班牙海岸附近频繁出击：在加的斯港外击沉西班牙补给舰，然后又冲进港内击沉30多艘船只；5月15日，他又袭击了里斯本附近的舶锚地，损毁千百艘船只，西班牙的损失不可计量；他还攻占了圣维森特角要塞，扼住了地中海的咽喉；回国路上，他劫掠了西班牙国王的私人运宝船，获得巨额财富。这一切使得西班牙实力大减，为英国海军扩充实力赢得了时间。

在之后的战争中，西班牙船队仍然沿用古老的战术，让船只并排前行，西班牙的船很大，以步兵为主，火炮也是顺着船身射去。而英国多是小型快船，灵活方便，船首接船尾呈一字长蛇阵进攻，以火炮为主，炮设在船舷。这场战斗是海战史上的一次革命，此后，火炮代替步兵成为了海战的主角。在进攻中，英军还用了火攻的办法。这一系列的优势导致了西班牙舰队的大败，而因为德雷克在这次战争中充当先锋，为战争的胜利作出了重大贡献，战后他被封为英格兰勋爵，登上了他海盗生涯的最高峰。此后，英国取代西班牙成为海上霸主。

葡萄牙海盗：“血刀”贝尼托·博尼托

说起贝尼托·博尼托，就不得不提宝藏岛——科科斯岛。我们对这座岛屿并不陌生，前面已经提到过，它位于加勒比海地区，是17—18世纪活动在南美洲太平洋沿岸的海盗们最重要的老巢，因为藏着很多宝藏而出名，3个非常有名的海盗——爱德华·戴维斯、威廉·汤普森以及我们现在要讲的贝尼托·博尼托都在这个岛埋下了大量的宝藏，不过这些宝藏至今仍是个谜。

爱德华·戴维斯把掠夺来的西班牙财宝藏在科科斯岛，据说这个岛上埋藏着他藏的733块黄金，之后有人说爱德华·戴维斯死了，也有的说是隐居了，他没有钱花的时候就会拿着藏宝图取宝。在1875年的时候，一个美国水手还意外地发现了爱德华·戴维斯船长的一处藏宝地，他欣喜若狂，带回了很多金子，后来他还想带回更多的金子，可是再去原来的山洞时，已经找不到那个地方了。

科科斯岛上的著名宝藏还有“利马宝藏”。这批宝藏价值非常高，是63座教堂的财产，有大量的圣物盒、祭仪用品、珍贵的艺术珍品、档案等，最有传奇色彩的珍宝是利马大教堂的圣母玛丽亚怀抱圣婴耶稣像，全金制成，有真人那么大，重量超过1吨。还有273把宝剑，

科科斯岛

手把是用黄金制作的，上面镶嵌着很多宝玉，以及大量数不清的宝物。当年西班牙在美洲的殖民地发生武装起义，西班牙殖民者被打败，藏着众多从殖民地掠夺来的宝藏的地点——雷菲利普城堡被攻破。藏宝的官员想把这些宝藏运出去，但是当时已经没有什么大船了，而威廉·汤普森船长在当地有很好的口碑，所以西班牙的官员租了他的船运送这批宝藏。

这些西班牙的官员上了威廉·汤普森的船——“亲爱的玛丽”号，不过不幸的是，这一次他们信错了人，他们不知道威廉·汤普森是海盗，更不知道威廉·汤普森曾经在“血刀”贝尼托·博尼托的手下做事。这些官员的结果自然可想而知，汤普森在当晚就下令把他们全部杀死，然后他们抢劫了那批财宝，并把这批宝藏埋藏在科科斯岛上。汤普森死前把宝藏的秘密告诉了对他很好的约翰·基廷，他根据汤普森的指示确实找到了那批宝藏，不过随行的人都想分得一份，之后的事情就没有人能说清了。总之，这批宝藏至今没有被找到，成为了一个谜。

岛上还埋藏着一批葡萄牙海盗贝尼托·博尼托的宝藏，据说他在岛上藏的宝藏最多，有 7 吨黄金。

贝尼托·博尼托真名叫贝内特·格雷厄姆。1815 年之前，他一直是英国海军军官，后来不知道因为什么做了海盗，并把名字改为贝尼托·博尼托。因为他太过残暴，所以人送外号“血刀”，那批巨额宝藏就是他进行劫掠的收获。

1820 年，博尼托海盗船受到西班牙战船的追击，他们的目的是追回被博尼托抢去的财宝，博尼托他们因此逃到了科科斯岛。海盗们把分到的宝藏藏在了岛上，博尼托也藏好了自己的 7 吨黄金，传说是藏在一个峡谷中，为了以后方便找到，他还画了一张藏宝图，然后就离开了。但不幸的是，他们被英国海军抓住，在牙买加，博尼托和他的海盗们被绞死在船上。

不过，博尼托的两名手下汤普森和沙佩勒却逃了出来，他的情妇玛丽也没有死，只是被判了刑，之后她被流放到塔斯马尼。博尼托生前非常喜欢这个岛南部的埃斯佩兰萨角，那里有条瀑布。有人说他把宝藏藏在了那附近，是在一个离一棵棕榈树很近的岩洞，汤普森、沙佩勒以及博尼托的情妇玛丽都知道这些情况和这个地点。

20 多年后，48 岁的玛丽嫁给了一个叫约翰·韦尔奇的人。玛丽还惦记着那批财宝，她把宝藏的秘密告诉了她的丈夫，她的丈夫高兴极了，积极寻找合伙人前去科科斯岛寻宝。不过到那之后他们却大吃一惊，因为那里的地形地貌和藏宝图上的已经完全不合，虽然藏宝图上明明标记得很清楚，他们应该没有找错，可是现在眼前的情况又作何解释呢？

原来，科科斯岛正位于火山中心，是火山多发地，而火山喷发往往会使地壳发生巨大变动，有的山峰或峡谷沉了下去，又有新的山峰或峡谷升了上来，而火山喷出的大量岩浆和火山灰也会覆盖在地表，使得原来的面貌发生巨大变化，所以才出现了玛丽的藏宝图对不上这里的地形地貌的情况。尤其是那个藏宝地的重要标志——两条瀑布早已不见，取而代之的是 100 多条小瀑布，藏宝的岩洞也变成了一条大河。

巨大的变化使玛丽和她的丈夫根本无法找到当年的藏宝地，他们不得不失望而回，然而玛丽还是不肯放弃，多年后和她的第三任丈夫再次去寻找宝藏，却还是一无所获。

“海盗学者”：威廉·丹彼尔

威廉·丹彼尔是英国人，出生于 1652 年，年轻的时候做过见习水手，后来参军成为了一名皇家海军，并随军出战，经历过英荷海战。他思想活跃，总有很多问题，同时也具有胸襟广阔、讲义气的侠义精神。严明的军队生活或许不适合他这样的性格，在1673年他当了海盗，袭击过往的船只。

1683年的时候，他在海盗库克船长的手下做事。一年的时间里，这伙海盗频繁进入太平洋抢劫西班牙人的财富，之后几伙海盗汇集成了一个海盗集团，组成了一个拥有10艘船的海盗舰队。

到了1683年，他们转移阵地，开始在南美沿岸袭击西班牙的商船，威廉·丹彼尔凭着卓越的才能，不久就当上了船长。不过，他并不像其他海盗那样对金钱财物感兴趣，而是对那些自然地理感兴趣，多年的航海经历丰富了他的见识，他从大自然中获得的知识比那些埋头在书中的书呆子10年所得的知识还要多。对于自然界的一切，他已经非常熟悉了。他在没事的时候就在船长室整理研究笔记，台风在气象学史上的第一次描述就是由他总结出来的，他说台风就是一种大规模类似于旋风的气旋运动。根据多年的实地勘察，他还重新绘制了南美洲海岸线还有太平洋沿岸岛屿的地图。

为了逃避西班牙舰队的追捕，他们穿过太平洋逃往东印度群岛。途中停在了棉兰老岛和关岛，并放逐了一些海盗。然后又继续前行，经过之地有马来半岛、马尼拉、越南、香料群岛和新荷兰（澳大利亚）。

1688年1月初，丹彼尔和他的船队停在澳大利亚西北部一个半岛附近休整。威廉·丹彼尔不放过这个机会，上岸观察、研究、记载周围的环境、动植物、水文等。也正是因为如此，后来这个岛就被称为丹彼尔半岛。

因为打劫了太多的西班牙船只，丹彼尔不敢通过被西班牙封锁的海洋，只能向西边的太平洋航行，一直游荡在马里亚纳群岛和菲律宾一带，甚至还到过我国台湾。1688年春天，他到了一块地图上没有记载的地方，这究竟是岛还是陆地，他也无法确定，不过他肯定这里不是亚洲，也不是菲律宾群岛，因为怕西班牙人会追来，他在这里没停留多久就继续出发了，并终于在1691年回到英国。英国政府鉴于他并没有犯什么滔天大罪，也就没有惩罚他。

回国后，丹彼尔根据自己的所见所闻和多年积累的资料，写成了《新环球航行》一书，这本书于1697年出版，引起了极大轰动，他也因此被人尊称为“海盗学者”，《新环球航行》也成为后来作家们写作的素材来源。

1699年，丹彼尔再次出发时，已经是以英国皇家海军军官的身份起航了，他这次是要乘船考察南太平洋。在7月的时候到了西澳大利亚的附近，在寻找淡水的过程中，他发现了丹彼尔群岛和罗巴克湾。不过在这期间，水手们大量患病，他们就到了印尼的帝汶岛整顿休息了一段时间，然后继续航行。航行过程中发现了新汉诺威、新爱尔兰、新不列颠诸岛和新几内亚之间的丹彼尔海峡，并绘制了新汉诺威、新爱尔兰、新不列颠诸岛的海岸线。途中，丹彼尔的乘船“罗巴克”号被风吹返，不得不停在巴达维亚休整，休整好之后，他们就返航回国了。

1700年2月中旬，丹彼尔又到达了那片曾经只稍作停留的不知名的土地，并进行了详细的考察，他发现这个地方并不是一个岛屿，而是一块新大陆，因为是他首次发现，他就把这里命名为英国的地方，取名“新大不列颠”，这块大陆就是现在的澳大利亚。后来，丹彼尔又继续前进，考察周围的地理环境，这样不懈的努力终于让他有所收获——他绘制出了完整的南太平洋地图。

然而，在1701年2月回国途中，丹彼尔的船因破损而沉没，大部分资料被毁，只保留了一些澳大利亚、新几内亚海域的海岸线图纸和信风、海流资料。他们在附近的岛上被困了5个星期，直到4月3日遇上一艘东印度商船，他们上了这艘船，回到了英国。回国后，丹彼尔受到一名船员的控诉，因为他曾经把这名船员放逐到巴西，丹彼尔因此受到了军事法庭的审判，结果是丹彼尔被判有罪并被皇家海军解雇。

不过重要的还是丹彼尔的著作。他回国后，对大量的气象规律进行了总结，出版了海洋气象学上的不朽名著——《风论》，为现代科学的发展做出了巨大的贡献。

1708 年，丹彼尔又开始了他的第三次环球航行（1708—1711），他的船队在 1709 年 1 月到达智利附近一个荒岛——胡安菲南德，发现了一个身着羊皮的“野人”。一开始，这个“野人”不会说话，只是一直打手势，嘴里呀呀叫着，大约过了一周，他才能说话，他告诉丹彼尔，自己叫亚历山大·塞尔柯克，是苏格兰人，1704 年因和船长闹矛盾被遗弃在此，凭着惊人的毅力，他已经在这个岛上生活了 4 年 4 个月。塞尔柯克的事迹震惊了英国，丹尼尔·笛福也根据塞尔柯克的事迹写成了《鲁滨逊漂流记》，获得了巨大的成功，并凭这本书成为了一代名家。鲁滨逊这个名字来自于丹彼尔所写的一个英勇的印度水手的故事，这个水手就叫鲁滨，笛福为了纪念这位水手，给主人公起名鲁滨逊，意为“鲁滨之子”。

1715 年，丹彼尔病逝于伦敦。他虽然曾经是一名海盗，但他对科学的巨大贡献远远掩盖了这一瑕疵。提起丹彼尔，人们首先想到的是一名探险家、科学家，而不是一个海盗。地图上至今还有“丹彼尔群岛”和“丹彼尔海峡”的名字，而丹彼尔当年第一次登上澳大利亚的地方也被命名为丹彼尔地，用来纪念他。

英国乔治·安逊和鲁滨逊岛

我们都知道《鲁滨逊漂流记》，笛福就是根据曾经在这个岛上真实生活过的人——“野人”亚历山大·塞尔柯克写成了这本书。为了纪念他，人们把岛上最大的一个岛屿命名为鲁滨逊·克鲁索岛，然而你们知道关于这个岛的 846 箱黄金的故事吗？

这个岛从 1940 年就开始变得热闹起来，一批又一批寻宝人带着大量的资料和工具来到这个岛上寻找传说中的那 846 箱黄金。原来人们根据记载发现，当年，海盗乔治・安逊曾经埋藏了 846 箱黄金和许多其他的宝藏在这个岛上。

乔治・安逊本来是一名勋爵，同时也是一名大海盗，这个岛屿就是他的大本营。据说他曾经得到英国海军的授权去掠夺西班牙的船只和他们的殖民城市，他率领着 8 艘战斗力极强的战舰掠夺过往的西班牙船只，令他们闻风丧胆。

安逊曾经最大、最辉煌的一次掠夺，是掠夺了 846 箱黄金和宝石，还有 200 块金锭、21 桶珠宝、100 多箱子金币等，这是史上掠夺的数额最多的一批财宝，也是西班牙从南美洲掠夺得最多的一批财宝。这样巨大的一批财宝被劫令西班牙政府恼羞不已，他们下定决心要夺回来，于是派出军舰追击乔治・安逊。不过安逊是一名非常熟悉海洋的海盗，可以说身经百战，不是轻易可以抓住的。

双方在海上展开了斗智斗勇的追与逃。有几次，西班牙军舰眼看就要追上安逊了，可最终还是让他逃走了。不过，带着如此沉重的宝

鲁滨逊岛

物怎么也跑不快，恐怕总有一天会被捉住，不得已，安逊和他的手下躲进了鲁滨逊岛的一个秘密港湾。他们还是被西班牙军舰发现了。他们深知从海上已经逃不掉了，只能上岛，把这些财宝藏在岛上。于是，他们把这些宝物运到小船上，然后快速奔向小岛。

上岸后，安逊和手下们搬着沉重的箱子前进，他们进入了森林中，这时候天已经黑了，他们只好点燃火把继续前进。终于，安逊找到了一座170多米高的山作为藏宝地，他考察了这个地方的环境，认为这里很安全，然后就开始藏宝了。他们挖了一个深达数米的洞，把财宝埋在了那里，并把上面的痕迹彻底清除掉，直到安逊认为看不出来了才停手。安逊准备日后来拿回这些财宝，所以绘制了藏宝图，上面详细记载了埋藏的地点、周围的环境以及沿途的地形。

因为抢劫西班牙的战功，安逊被英国女王封为勋爵，他也就没有机会再去取那批宝藏了，只能看着那张藏宝图望梅止渴，虽然他曾经想去找那批宝藏，然而这个愿望直到他死都没有实现。

之后，就出现了我们前面的那一幕：在1940年出现了大量前去寻宝的人，他们还带着很多的文献资料和现代工具。他们花了几年的时间挖掘了岛上的每一寸土地，还是没有找到那批宝藏，全都失望而归。

不过，寻宝者的热情在20世纪80年代被鲁滨逊岛的一场大雨再次点燃。因为此次大雨引发了泥石流，许多曾经深埋的地方裸露了出来，有人还在那些裸露的地方发现几粒红宝石和银条。这样的消息不知道怎么就传开了，大批寻宝者又带着希望而来，然而他们还是没有发现那批宝藏。

20世纪90年代，一位叫贝尔纳德·凯泽的荷兰裔美国人对这批宝藏产生了浓厚的兴趣，他向当地居民打听，获得了一些信息，之后，他宣称找到了藏宝的地点，随后智利宣布这个岛屿是属于智利的，没有智利政府的许可，任何人都不能私自去挖那批宝藏。后来，贝尔纳德·凯泽就和智利政府达成了协议，说假如找到那批宝藏，它的 75% 归智利政府及岛上的居民，自己只要剩下的那部分。不过他挖来挖去还是什么都没有找到，也只好放弃了，这批宝藏至今还没有挖掘出来。不过可以想象，只要这批宝藏不见天日，始终会吸引着人们去挖掘的。

果然，2005 年下半年，一个叫瓦格纳救援的资深探宝公司说他们发现了传说中的那批宝藏的地点，在这次探宝的过程中，他们使用了一个金属探测机器人，他们要求和智利政府平分那批宝藏，理由是他们首先发现的。

假如这次发现属实的话，这就将是探宝史上发现的财宝数量非常巨大的一次，价值最少也在 100 亿美元。不过这批财宝的归属却成了问题，各方都说应属于自己，有政府、村民、探宝公司。该探宝公司还说，如果从多处地方同时挖掘的话，12 个小时就能把这批宝藏挖出来，该公司的律师说，如果智利政府不同意平分宝藏，他们就拒绝说出藏宝地。

安逊的故事还有这么一段插曲：他和西班牙进行海上战争的时候曾进入中国。1742 年 11 月 13 日，他率领的船队到达了我国的虎门，此时，英国和西班牙正在争夺海上霸主地位。安逊的船就潜伏在菲律宾群岛，袭击过往的西班牙船只及他国船只。此前，安逊的船队和西班牙的殖民地国——吕宋国（今菲律宾）的一艘大帆船战斗，安逊掳获大量财物和战俘，然后把船停在虎门，请求允许在此整顿休息，并请求清政府供给食物。

清政府对于他们的战争保持中立，并秉持大国风范，满足了他们的要求，同时接收了那批吕宋俘虏，把他们送回本国，堪称对各冲突方仁至义尽。

安逊的船队于 1743 年 12 月 15 日离开中国并于 1744 年回到英国。

Part 8

东方世界的海盗

前面讲述了许多西方世界赫赫有名的海盗，他们的故事扣人心弦。在遥远的东方世界，海盗们也书写着自己的传奇。我国最早的海盗是东晋末年的孙恩，明清时期的海盗活动最为猖獗，这个时期的著名海盗有陈祖义、徐海、蔡牵、张保仔等人。他们大多侠肝义胆，见义勇为，他们的故事至今仍然被人们口口相传。

中国海盗“祖师”：孙恩

东晋末年，孙恩、卢循领导了一场声势浩大的海上起义，这场起义从公元 398 年一直持续到公元 411 年，历时 13 年，参与人数近百万，战事涵盖了长江以南的广大地区，跨越东、南两海。在中国历史上，如此波澜壮阔的海上武装起义是非常罕见的，它开创了中国历史上使用海军起义的先河，为我国后来的海盗活动提供了经验。

卢循、孙恩起义图

东晋末年，朝廷经过淝水之战后，暂时解除了来自外部的威胁，孝武帝满足于这种局面，疏于朝政，致使士族豪门生活腐败，朝堂之上党派林立、互相倾轧；而在朝堂之外，也是一片政刑混乱的景象，官员剥削压榨百姓的情况日益严重。

此时，新安有一个叫做孙泰的，此人不仅是新安太守，同时也是五斗米道的教主，在百姓中有着极高的威信，教徒遍布南方各地。孙泰见王恭举兵起义，深感朝廷已经病入膏肓，于是也准备起兵对抗朝廷，不料，会稽内史谢輶向当时专权的司马道子揭发了孙泰，孙泰还未起兵便被诛杀。孙泰被杀后，他的侄子孙恩逃入海岛，具体位置不详，一说是今天的舟山群岛。

孙恩，字灵秀，琅琊郡（今山东境内）人，是五斗米道的道士，后来成为起义军的领袖。当时的信众都认为孙泰虽是被杀，实际上却是羽化登仙了，这种坚定的信念使他们团结一致，为藏匿在海岛中的孙恩和跟随孙恩的 100 多名信众提供所需物资，而孙恩等人则蛰伏在海岛中，养精蓄锐，伺机行动。

隆安三年（公元 399 年），也就是孙恩逃亡海岛 10 个月左右之后，司马道子的儿子司马元显征调广大佃客到建康充军，这些佃客原是三吴门阀，后来被除去身份贬为佃客，司马元显的行为激起了这些门阀的强烈不满，一时间，东晋陷入了人心不稳的局势。

孙恩当然不会错过这个机会，他趁机率领信徒向上虞（今浙江上虞）发起了进攻，上虞县令被杀，之后，他们又拿下了会稽（今浙江绍兴），杀死了会稽内史，孙恩的队伍增加到数万人。此时，受到孙恩的鼓舞，会稽郡、东阳郡、永嘉郡、新安郡和临海郡等地的百姓纷纷响应起义，很快，孙恩的队伍就发展到了数十万人。参与起义的郡县的官员要么被杀、要么逃走，于是，孙恩把会稽当作据点，自称“征东将军”，并改称五斗米道信众为“长生人”。在孙恩的号令下，起义队伍大肆屠杀异己，就连婴儿也不能幸免，许多人都成为了起义军的刀下亡魂。

面对这种情况，朝廷全面戒严，同时派遣徐州刺史谢琰和镇北将军刘牢之镇压起义。此时的孙恩兵强马壮，又得到八郡的支持，他本想攻破建康推翻东晋，但知道刘牢之已率兵前来镇压起义后，就转而割据会稽，打算以钱塘江为界，与东晋分庭抗礼。但是，没过多久，刘牢之就渡过了钱塘江，孙恩只能率领起义军和俘虏共 20 多万人撤离到海岛。孙恩逃走时，把大量劫掠来的金银珠宝留在了会稽，目的是想让刘牢之的军队争抢珠宝，从而给自己争取到更多的撤离时间。

隆安四年（公元 400 年）5 月，孙恩重振旗鼓，在他的率领下，起义军一路过关斩将，连破浃口（今镇海口）、余姚、上虞，直逼山阴县北的邢浦。在邢浦，起义军被东晋将领谢琰击退，起义军不肯罢休，不久后就对邢浦发起了第二次进攻，并逼近会稽，谢琰战死。之后，孙恩转攻临海。

谢琰战死的消息传到朝廷，震惊了朝野，于是急忙派桓不才、高雅之等将领率军镇压。高雅之被孙恩打败，但孙恩随后又败于刘牢之，孙恩被迫再次逃入海岛。

隆安五年（公元 401 年）2 月，孙恩率领起义军第 3 次登陆，进攻浃口和句章，但是久攻不下，后被刘牢之击败，于是孙恩第三次撤回海岛。3 月，孙恩第 4 次向陆地发起进攻，这次的目标是海盐，但是被刘裕击败，于是孙恩改变目标，转攻沪渎。5 月，起义军攻破沪渎，随即从海路开进京口（今镇江），想要直取东晋都城建康，却被刘裕追至丹徒，虽然起义军的人数多于刘裕，却还是败在了刘裕的手上，在与刘裕交战的过程中，许多起义军战士或战死或坠崖、坠海而死，孙恩本人则狼狈不堪地登船逃走。

不过，这一战并没有耗尽孙恩的雄心壮志。不久后，他再度整兵向建康进发，并在与司马元显的多次交锋中获得胜利，就这样，孙恩率领的起义军渐渐逼近了建康。但是，此时的朝廷已经做好了迎战的准备，又有豫州刺史司马尚之的增援，孙恩的建康之行再次以失败告终。于是，孙恩率部撤退，往北进军郁州，他们在郁州打败了将领高雅之并俘虏了他，但是不久后就受到刘裕的攻击，多次激战后起义军终于不敌。这一战，孙恩损失了大量部众，实力大为削弱，后又在刘裕的追击下遭受了第二次失败，于是，他再次逃入海中。

元兴元年（公元 402 年）3 月，司马道子父子的势力被桓玄消灭，桓玄执掌朝政，孙恩趁此时朝廷未稳，再度率部进犯，但在进攻临海郡时被击败，至此，孙恩的部众损失殆尽，只剩下数千人。孙恩终于彻底丧失了信心，由于害怕成为朝廷的俘虏，他选择了投海自尽，他的家人和部下共百余人也都纷纷纵身大海，结束了自己生命。孙恩死后，剩下的起义军不甘心失败，他们推举孙恩的妹夫卢循为新的首领，继续坚持抗晋斗争。他们转战于广州、南昌、长沙、南京和广东各地，直到义熙七年（公元 411 年）才被东晋剿灭。孙恩发起的这场起义被称为“中原海寇之始”，为后来海盗们的活动提供了经验，孙恩本人也成为了海盗的代名词，成为了中国海盗们的“祖师爷”。

孙恩领导的浙东农民起义长达13年之久，战事遍布东南沿海各地，这场起义是中国起义军首次使用水军作战，沉重地打击了东晋的统治，动摇了东晋的根基，加速了它的灭亡。但是，由于起义军没有建立起稳固的后方根据地，在作战上又几次错失了有利战机，指挥上也有不当之处，反被晋军反扑，不得不几次退回海岛，使得胜利的战果不能巩固，起义终被东晋镇压了下去。

海盗王：陈祖义

明朝时，由于担心敌对势力与倭寇勾结，明太祖朱元璋颁布禁海令，定下了“片板不得下海”的国法。这条法令虽然在保证国家安全方面起到了一定的、暂时性的作用，但无论是从短期还是长远来看，都是不利于国家发展的，甚至为明朝的灭亡埋下了伏笔。在短期的不利影响当中，最典型的当数居住在沿海地区、靠打鱼为生的渔民了，如果执行禁海令，那无异于断了他们的生路，于是他们不得不担着违令的风险下海谋生，时间一长，海盗势力便应运而生。

在明朝的海盗中，最有名的要数陈祖义了。陈祖义，祖籍广东潮州，洪武年间，他携全家逃到南洋，当起了海盗。此后的十几年里，陈祖义盘踞在马六甲海峡，在日本、南海、印度洋、我国台湾等地进行劫掠活动，据粗略统计，遭到陈祖义海盗集团劫掠的船只多达万艘，他们还攻陷了明朝50多座沿海城镇，甚至强迫一些南洋国家纳贡。

陈祖义的海盗集团在鼎盛时期拥有海盗数万人和战船近百艘，是明朝的心腹大患。于是，明太祖朱元璋开出了有史以来最高的金额——50万两白银悬赏陈祖义，到了永乐年间，赏金增至750万两，几乎占到了当时明朝年财政收入的三分之二。

在明朝政府的压力下，陈祖义逃到了三佛齐的渤林邦国（属于今天的印度尼西亚），并做了这个国家的一员大将。渤林邦国的国王去世后，陈祖义率领手下的海盗们取而代之，自立为渤林邦国国王，从一个举国重金通缉的要犯，摇身一变成为一国之君，这样的经历在世界海盗历史上可以说是绝无仅有的。陈祖义当上国王之后，还一度向明朝纳贡称臣。只不过他们进贡的物品并不是劳动所得或正义之物，而是掠夺过来的，大概的情形是：去的时候准备好空船，沿路抢劫、掠夺，这些即是所谓的贡品，返航的时候，仍然一路抢回去。但是，在陈祖义海盗集团的一系列劫掠活动中，最令明朝皇帝不能忍受的是，陈祖义竟然连明朝的使船也不放过，而且手段残忍：抢光、杀光、烧光。这一行径不仅让明朝政府心生不满，也激起了深受其害的沿海居民的强烈怨愤。

永乐三年六月（公元 1405 年 7 月），郑和率领船队第一次下西洋，并于永乐五年（公元 1407 年）返航。返航途中，郑和去了一趟陈祖义的驻地，打算对陈祖义进行招安。陈祖义见郑和的船队规模很大、声势不凡，断定船上载满了数不尽的金银财宝，于是就动起了抢劫郑和船队的念头。他的打算是先假装向郑和投降，让郑和放松戒备，然后再实施抢劫。

但是双方实力悬殊，郑和的船队无论是人数还是船只数都远多于陈祖义的，武器装备也更加精良，因此，陈祖义的部下大多对这次抢劫持谨慎的态度，并无必胜的把握，不敢轻举妄动。于是，陈祖义列出了己方的四大优势鼓动部下，哪四大优势呢？第一，他们海战经验丰富，对方大多是陆兵，缺乏海上作战经验，而且大多又是第一次远洋出行；第二，他们训练有素，郑和率领的士兵虽多，却是一群乌合之众；第三，郑和的船只太大，战斗起来不如海盗们的灵活；第四，海盗们要比郑和更熟悉地形。而且，陈祖义打心底里瞧不起郑和，因为郑和是一个太监，他不认为一个太监能有什么作为，即使有千军万马也未必懂得指挥，何况还是个陆地上的太监，所以综合来说，陈祖义觉得这次抢劫一定会成功。

郑和下西洋

不过，陈祖义显然低看了郑和。郑和受到陈祖义想要投诚的意愿之后，并没有如陈祖义所愿放松警惕，因为他在前往陈祖义驻地的途中，听到的都是百姓对陈祖义的不满和怨恨，而没有半点赞扬的话，这让郑和提高了警惕。而且郑和还收到了当地一个中国人的密报，这个中国人叫施进卿，他同样憎恨陈祖义，在知道郑和是明朝的将领后，有意借助郑和的力量打压陈祖义，于是在得知了陈祖义假投降的阴谋后，就立刻告诉了郑和。郑和得到消息后，不动声色地制定了详细的战略部署，准备得十分充分。

陈祖义当然不会得知郑和的部署，他仗着自己想当然的“四大优势”，按照计划率领手下的海盗对郑和的船队进行偷袭，却被郑和早已准备好的战船包围，郑和采取了事先安排好的战略——火攻，利用火把、火箭等燃烧之物把海盗的船只围在了中间。一时间，海盗船只大火肆虐，海盗们慌作一团，溃不成军，鬼哭狼嚎之声不绝于耳。郑和趁着这个机会，果断下达了进攻的命令，明朝士兵依令行事，迅速登上了海盗的船只，杀死海盗 5000 多人，烧毁海盗船 10 艘，并缴获了 7 艘战舰。陈祖义无路可逃，被郑和的部下生擒。

擒获陈祖义后，郑和率队返航，回京复命。明朝皇帝下令将陈祖义斩首示众，震慑四方。施进卿则因为揭露有功，受到皇帝的赏赐，被封为宣慰史。

郑和第一次下西洋，就主持了这场海盗之战，并成功铲除了长期以来的海盗祸患，不仅证明了明朝政府强大的实力和统治力，宣扬了国威，同时还维护了海上的交通安全，拉近了与各国之间的距离，为沿海人民及邻国创造了安全的海上通道，受到了各国的称赞。

不少历史学家认为，明朝朱元璋时期闭关锁国的主要原因就是海盗猖獗。如果真是这样的话，那么陈祖义无疑是在客观上充当了改变中国历史走向的关键人物。因为陈祖义等人的海盗活动导致了明朝的闭关锁国，而闭关锁国则导致了近代中国的落后。

浙东“海精”：方国珍

元朝末年，统治者对百姓的剥削和压迫日益严重，加上当时自然灾害频发，生活在水深火热之中的广大百姓便渐渐萌生出了反抗的思想。当时在浙东地区，流传着这样一首民谣：“天高皇帝远，民少相公多；一日三遍打，不反待如何。”而台州也有歌谣唱道：“洋屿青，出海精。”这里的“洋屿”指的是洋屿山，“海精”则是指方国珍。

方国珍出生在浙东台州，家族世代都在海上以贩卖食盐为生，家中有兄弟5人。据史书记载，方国珍身材高大，面色黝黑，体色甚白，喜欢跟人赛马，并且经常取胜。元朝至正八年（公元1348年），有一个叫做蔡乱头的人，专门在海上打劫财物，被官府的追捕。这件事情本来和方国珍没有关系，但是偏偏他有一个仇家，这个仇家诬陷他是蔡乱头的同伙，方国珍一怒之下，杀死了仇家，这样一来，家乡是待不下去了，于是他和兄弟们逃亡到海上，并招募了数千部下，做起了海盗的勾当。行省参政率军征讨他，却出师不利，被方国珍俘虏。方国珍强迫该参政向元朝政府请命，授予他定海尉的官职。但是，当上了定海尉的方国珍并不满足，不久之后他举兵起义，第一个进攻的目标是温州。

《方国珍史料集》

元朝命将领孛罗帖木儿率军征讨起义军，但同样不敌方国珍，不得已，朝廷派出大司农招降。就在此时，汝、颍等地兵起，朝廷随即招募水师进行防守，但是这个举动让方国珍起了疑心，他担心朝廷招降是假，这些水师正是准备来消灭自己的，于是，他一不做二不休，重新举起了反叛的大旗，并逃亡到了海上。

后来，方国珍贿赂了朝廷中的权贵，但是报酬只是一个微不足道的小官，方国珍自然不肯接受，并率军攻陷了台州。无奈，朝廷只得用“海道漕运万户”这个职位招降方国珍，负责元朝南方的海路粮食调运，方国珍这才作罢，走马上任。不久后，方国珍的职位就升到了行省参政。后来，张士诚在江浙一带起兵反元，方国珍奉命率军镇压，七战七捷之后，张士诚投降退兵。

方国珍作乱期间，软弱的元朝政府不敢出兵镇压，只是一心招降，纵然有都事刘基这样的有识之士看清了方国珍的野心，反对招降，但是并没有人把他的建议放在心上。后来，当上了行省参政的方国珍果然不断壮大自己的势力，坐拥庆元、温州和台州之地，已经超出了朝廷的控制范围。

对元朝政府来说，还有另一个不利因素。方国珍刚刚起义的时候，朝廷广招士兵，吸引了许多有为之士前来应征，其中很多都立下了军功。但是战争结束后，主事的官员贪污了这些士兵应得的奖赏。士兵们在战场上为国效力、九死一生却什么都没有得到，反而是叛乱的方国珍步步高升，这样的局面让很多人对元朝政府彻底失望了，于是纷纷投奔方国珍。

后来，方国珍果然再次举兵发动叛乱，元朝失去了江、淮两地，甚至海运的畅通必须依靠方国珍的船只，于是元朝再次用官职招降了方国珍。

当时，反元的不只有方国珍，还有朱元璋。朱元璋攻取婺州后，派主簿蔡元刚出使庆元。方国珍和下属商量，认为朱元璋号令严明，无法与之抵抗，并且西、南两面皆有忧患，应暂时顺从朱元璋为上，静观其变。下属觉得他说得有理，于是方国珍派出使者向朱元璋送去重礼。

随后，朱元璋再派使者回访，方国珍提出把温州、台州和庆元三郡进献给朱元璋，为了表示诚意，他还将自己的次子方关送到朱元璋处充当人质。也许是方国珍的行为得到了朱元璋的信任，朱元璋接收了三郡，却没有扣押方关，而是将方关送回，并赠与方国珍许多厚礼，他又派博士夏煜前往方国珍驻地，给方国珍兄弟封了官职。

不过，方国珍献郡送礼的举动只是缓兵之计，他并没有真正归顺朱元璋。以至于封官后，他一度假装生病，不肯就职。

朱元璋两次写信告诫方国珍，方国珍没有办法，只能装出诚惶诚恐的样子，携重礼向朱元璋谢罪，不过，朱元璋并没有接受他的礼物。后来，温州叛军首领周宗道投降朱元璋，并献上平阳一地。于是，驻守温州的方明善立刻派兵争夺平阳，这个方明善不是别人，正是方国珍的堂侄。方明善的军队很快就被朱元璋的参军胡深击溃，胡深后又攻克了瑞安，直逼温州。这让方国珍胆战心惊，他请求归附朱元璋，并承诺每年向朱元璋进贡白银 3 万两，朱元璋这才命令胡深回师。

等朱元璋攻陷了杭州，方国珍立刻派间谍探查朱元璋的实力，同时暗中勾结元朝将领和起义领袖陈友谅，企图牵制朱元璋。朱元璋得知后大发雷霆，写信给方国珍，不仅历数了方国珍的种种罪状，还向方国珍索取军粮 20 多万石。方国珍赶紧召集部下商议，除了一个叫丘楠的人认为应该归顺朱元璋以外，其他人都主张与朱元璋对抗。于是，方国珍采取了大多数人的建议，连夜修造船只、转移珍宝，为撤离做准备。

公元 1367 年 9 月，朱元璋攻克平江。随后，他分别命令参政朱亮和征南大将军汤和一举拿下了温州和庆元。方国珍在逃亡途中被汤和打败，他的部下纷纷投降，汤和还派使者劝降方国珍，并分析了降与不降的后果。方国珍见大势已去，便命人写了一封降书，把朱元璋和方国珍的关系比作父子，父亲打儿子，儿子打不过，于是只能逃跑。这份降书写得情真意切，言辞恭谦而感人，朱元璋看后，也觉得方国珍可怜，于是打消了铲除方国珍的念头。

朱元璋在给方国珍的回信中写道：虽然你违背了我，辜负了我太多，但是现在你已经走投无路，我看你这封信写得情词恳切，相信你是出于真心，所以，我决定原谅你之前的所作所为。此后，朱元璋催促方国珍尽快入朝拜见，还假装责备方国珍来得太晚，方国珍向朱元璋顿首叩谢，得到了广西行省左丞的官职，但是只享受俸禄而不用上任。

公元 1374 年，方国珍因病去世，朱元璋亲自为他举办丧礼，并命令翰林学士宋濂为方国珍撰写《神道碑铭》，以为祭奠。

纵横东南海上：福建海盗蔡牵

从清康熙二十四年开海禁以来，闽、粤、浙、吴等沿海地区在百余年的时间里都没有海盗之患，直到乾隆、嘉庆年间，海盗才又开始在沿海地区为虎作伥。这些海盗来自安南，以阮光平父子为代表。阮光平父子专门召集亡命之徒，以兵船和官职为诱饵，指示他们劫掠商船，不断壮大着自己的实力。

这些海盗帮派林立，有水澳帮、凰尾帮、窍嘴帮、红梅帮等著名帮派，也有像小猫帮、卖油帮、补网帮这样的小帮派，他们的行踪飘忽不定，盘踞在闽浙地区 10 多年，难以剿灭。在这些海盗中，最猖獗的要数蔡牵了。在漳州，流传着这么一句俗语："卡野蔡牵。"意思是形容一个人比蔡牵还要凶狠、残忍。那么，蔡牵究竟是一个怎样的人呢?

蔡牵出生在福建省同安县，家境贫寒，在他小的时候，父母就相继离世了，孤身一人的他便流落到了霞浦县三沙港。他每天都要为了生存奔走，有的时候替渔船主打工，有的时候则贩卖土虾母。有一次，他贩卖土虾母时，不小心将卤汁溅到了一个钟姓富人的裤子上，这个富人当即口出恶言，侮辱蔡牵，还让蔡牵把裤子上的卤汁舔干净，气愤难当的蔡牵随即回去准备了满满一桶土虾母，第二天找机会把这桶土虾母全部倒在了钟姓富人的身上。之后，他即逃亡到了海上，当起了海盗。这一年，是乾隆五十九年（公元 1794 年）。

很快，蔡牵就召集了近万名部下，在蔡牵的带领下，这支规模庞大的海盗队伍来往于闽、浙、粤等地的海域，抢劫过路的船只，他们还封锁了航道，船主人必须缴纳“出洋税”换取令旗才能通航，如果没有缴纳，即使侥幸得以通过，也无法平安航行。“出洋税”实际上就相当于今天的“过路费”。

根据《定海厅志》的记载，蔡牵首先是在福建为盗。当时的福建海坛镇总兵叫做李长庚，蔡牵和李长庚的第一次交兵，就以失败告终。不久后，另一支以李发枝为首的海盗帮派进犯内地，加剧了福建一带的匪患，其中又以定海最为严重，这些海盗上岸后就劫持妇女，要求百姓用财物换人，否则就将妇女杀害。嘉庆二年，朝廷任命李长庚为定海总兵，平定了匪患，暂时稳定了民心。

但是，海盗之患并没有彻底平息。嘉庆五年的夏天，不同的海盗帮派在浙东沿海一带聚集，停泊在岸边的海盗船只竟有 200 多艘，其中就包括蔡牵的海盗队伍。此时，安南王已经投降朝廷，他的余部被蔡牵收编，蔡牵的实力因此大为增长，行事作风也更加肆无忌惮起来。他规定：凡是出洋的商船，如果想要避免劫掠，就必须缴纳番银 400 元，回来时还要翻倍缴纳。

朝廷命令巡抚阮元前往鄞县商讨对策加强海防，当时参与商讨的有定海教谕王鸣坷、孝廉李龚占等人。他们想出的对策包括：实行保甲制度，揭发通贼者有赏；诛杀私造兵器出城者；小船早出晚必归；各不同驻守之兵团互相观望，有异常者鸣锣相告；等等。

此外，定海教谕等人还建议由李长庚主持造巨舰、铸巨炮，并捐出资金 10 余万交给李长庚。浙江巡抚又请奏朝廷任命李长庚为提督，总领水师，全部军士都要听李长庚的调遣。这些对策都为李长庚消灭海盗创造了十分有利的条件。

嘉庆五年冬天，李长庚在打击海盗的战斗中屡次获胜，许多海盗纷纷投降。海盗势力转微，水澳帮的首领战死，蔡牵逃出，但是仍藏匿在福建。

嘉庆八年初，蔡牵在浙江普陀海面遭遇李长庚，此时的蔡牵只剩下 24 艘船只，情况十分危急。于是，蔡牵假装向闽浙总督投降，同时暗地里用重金收买福建商人，请他们打造巨舰，企图恢复实力。

嘉庆九年夏，蔡牵重振旗鼓，在台湾海面集合了 80 多艘大船展开突袭，温州总兵胡振声被杀，战船也被蔡牵烧毁。朝廷派出了李长庚征讨，在浙江海面，蔡牵再次败于李长庚之手。嘉庆十年冬，蔡牵想要攻占台湾作为根据地，于是率百余艘战船，先后攻占了台湾淡水、凤山（今高雄）等地，进而率船队包围了台湾府城。朝廷紧急调遣广州将军赛冲阿前往台湾进行防守，又命李长庚率领三千水师前去镇压，为了阻止朝廷舰船前进，蔡牵沉舟鹿尔门港，设置障碍。嘉庆十二年年底，蔡牵率部众迎战李长庚和福建水师提督张见升，战败后，蔡牵夺路而逃，清军则乘胜追击，这时蔡牵向清军发射炮弹，李长庚身亡。张见升见状，心生怯意，不敢再追。此战后，蔡牵名声大噪。

嘉庆十三年，休整完毕的蔡牵高举反清复明的旗帜攻打台湾，占领了沪尾，并自立为王，威胁到艋岬、府城一带，全台震惊。于是，朝廷命令闽浙水师提督王得禄和浙江提督邱良功率领重兵围剿蔡牵。这一战，蔡牵败走温州黑水洋，由于船底漏水，无法脱身，蔡牵于是引炮自沉，全家及部众都没能幸免。至此，蔡牵及其海盗队伍终于被彻底铲除了。

今天，在北关岛还一直流传着蔡牵的故事。说他有一个金头藏在当地某处，当地人至今相信金头就在岛上的某个地方。正是这颗金头让有关蔡牵的事迹一直传诵，有的说他劫富济贫，有人则说他凶狠残暴。人们对他的褒贬有力地证实了 200 多年前他活动于浙、粤、闽沿海一带的事实，也证明了北关岛曾是蔡牵的一个据点，而刻在王沙宫朝东一侧的峭壁上的“海天保障”四个大字则是更为直接和有力的证据。

金头的故事是这样的：蔡牵停船在北关岛避风，他的一个妾掉了一根绣花针在船上，怎么也找不到，就让蔡牵帮忙来找，蔡牵很快就找到了。这个妾随口说了一句：“你这双贼眼真好！”这本是很正常的话，并没有骂人或讽刺人的意思，但蔡牵的身份是海盗头领，最忌讳的就是这个“贼”字。于是，蔡牵勃然大怒，拔刀就砍掉了这个妾的脑袋，由于用力过大，脑袋都甩出了船外。不过，蔡牵的脾气来得快去得也快，他马上就后悔了，急忙令人打捞，可是怎么也找不到。于是，蔡牵就叫一位有名的匠人制造了个黄金人头，随这个妾的身体一起下葬。据说她的墓地就在北关岛王沙宫附近的海底，在退潮时，甚至能在某处的水下看到石制棺材。

这则传说是真是假不得而知，却将蔡牵的性格表现得淋漓尽致：性格暴戾，行事冲动，稍有事不顺心便举刀相向。这可能和蔡牵多年的海盗生涯有关，同时也暗含着蔡牵内心深处对自己身份的纠结，身为匪，却又不承认。这也是农民起义最难以逾越的精神障碍。

每年冬季，在老平阳一带有演出“还冬戏”的习俗，“还冬戏”是当地百姓为了祭神祈福而邀请戏班演出的戏曲。相传，有一次，蔡牵为了收获民心和为胜利庆功，特地请一个戏班演出“还冬戏”，百姓们都可以免费观看，戏班一共唱了三天，均按照当地的习俗演唱。为了解决民众看戏要坐船的困难，蔡牵还下令将自己的 99 艘战船头尾相连，架起了一座可以直达北关岛的“浮桥”，这样一来，百姓去岛上看戏就方便多了，而且，去看戏的百姓每人都可以得到蔡牵发放的银两一锭。这两个传说表明，蔡牵这个人虽然是一个凶狠的海盗首领，但是也有着仗义疏财、劫富济贫的一面。

直至今日，尽管已经过去了这么多年，但是当地人依然没有淡忘蔡牵，相反，随着北关岛的开发，蔡牵成为了吸引游客的旅游文化品牌，他散落在此处的故事也继续被人们传唱下去。

匪徒僧侣：徐海

徐海是明代徽州歙县人，在年少时曾是一名和尚。有一天，他的叔叔徐乾学来找他，告诉他自己有一个有前途的工作，想邀请徐海一起干，徐海答应了。他不知道，这份工作就是走私，而走私的头目就是有名的海盗汪直。

徐海就这样无意中做起了海盗，并且还做得有声有色：他对于海盗的各项"工作"越来越熟练，劫掠来的钱财也越来越多。徐海很有潜力成为汪直手下的一员大将，但是谁也没想到，他后来跟随叔叔脱离汪直，自立了门户。

徐乾学和汪直一起下海为盗，最开始的合作还是比较愉快的。但是随着时间的推移，汪直聚敛的财富越来越多，徐乾学怎么也比不上，由此心生不满，于是才决定脱离汪直自己单干。最初，徐乾学没有太多的钱，只能借钱创办自己的"事业"，借得最多的是日本的倭寇。但是，他的"创业"之路充满了坎坷，他本以为自己单干就能挣更多的钱，没想到却经常受挫，不是碰到明军就是遇上风浪，最终血本无归。徐乾学没钱还债，竟然将侄子徐海抵押给了日本倭寇，同时又借了一些钱，准备从头来过。徐海以为叔叔早晚会回来赎回自己的，不料他的叔叔再次血本无归，无力赎他，于是，他只好跟着倭寇们一起干了。

徐海虽然没有受过多少教育，但是他天赋极佳，可以说是自学成才，海上作战能力极强，又有很好的组织才能，这样的才能使他逐渐升迁，直到做到了倭寇集团的高层领导。他也利用自己的地位、才能，以及和倭寇的良好关系发展壮大自己的势力，逐渐成为了横行海上的继汪直之后的第二大海盗，这时，他的海盗集团已经达到了数万人。

这样声势浩大的海盗集团自然引起了朝廷的注意，朝廷想将他消灭，不过，徐海并不是那么容易剿除的。浙直总督胡宗宪上任不久就领教了徐海的厉害，他虽然多次率领明军与徐海激战，却屡次失利。有一次，胡宗宪派游击将军宗礼攻打徐海，双方在三里桥展开激战，徐海的军事才能在这一战中表现得淋漓尽致。他先是假装战败，让宗礼轻敌，宗礼本就看不起这样的“乌合之众”，对方的战败更让他心生骄傲。徐海就这样假败了三次，等到明军完全放松警惕的时候，徐海率领精锐之师突袭了宗礼的部队，宗礼的部队几乎全军覆没，宗礼自己也战死了。

王翠翘故事绘本

这次战役让胡宗宪认识到了徐海是一个十分强劲的对手，并不是那么容易消灭的，必须想其他的办法。胡宗宪有一个手下叫徐渭，向胡宗宪举荐徐海的同乡罗文龙前去招抚徐海。罗文龙按照商议好的计策，先重金贿赂徐海，然后又煽动徐海的手下叶麻和陈木，让他们起兵造反，削弱了徐海的实力，最后再各个击破。之后，胡宗宪派人给徐海送去招降信，不料徐海的回信十分得体，一点也不像是没有受过多少教育的海盗头目写出来的，胡宗宪感到十分吃惊，询问送信人后，才知道这封信原来是徐海的爱姬王翠翘写的。

王翠翘的父亲原本是做官的，后来父亲获罪，不得已，她卖身救父，后流落青楼。由于容貌出众、文采不凡，王翠翘成为了声名远扬的金陵名妓，许多人都想跟她见上一面，徐海也是其中之一。他慕名前往，谁知二人一见倾心，徐海于是将她娶了回去。徐海对王翠翘非常宠爱和尊重，不仅多次向她请教军事上的事情，还让她写各种文书，而王翠翘也非常胜任这份工作。胡宗宪知道了这些情况后，立刻就找到了招降徐海的关键——王翠翘。

打定主意，胡宗宪便着手招降徐海。他送给徐海大量的礼物以此表示招降的诚意，同时也送给王翠翘许多精致的珠宝玉器、发钗耳环等礼物，还让一位老妇人私下里劝说王翠翘，大概内容是：如果徐将军投降的话，朝廷会立刻封为大官，你也会受到赏赐，这样起码是个正当的荣耀，好过现在为寇。王翠翘也渴望过平静的生活，于是就听从了那位老妇人的话，劝徐海投降。

嘉靖三十五年八月，徐海向胡宗宪投降，他率领手下入城时，不明就里的百姓和官员都吓得惊慌失措，还以为徐海是来抢劫的呢。请降后，徐海就率众驻扎在平湖城外的沈庄。胡宗宪觉得，虽然徐海投降了，但是那么多人屯在城外始终是不小的隐患，于是他背信弃义，决定对徐海进行剿杀。胡宗宪表面上对徐海进行安抚，暗地里则开始集结军队，准备对徐海进行围杀，已经投降的徐海部下陈东受胡宗宪之命，率领人马攻击徐海，徐海负伤而逃，第二天还是被围，最后徐海投水而死，王翠翘也被俘。

传说，王翠翘被俘后请求埋葬徐海的尸骨，胡宗宪不答应，她提出去做尼姑，又被胡宗宪拒绝了，因为胡宗宪要将她嫁给一个小兵。王翠翘痛斥胡宗宪的不义行为，说他不讲天道，然后投水而死，投水前作诗一首。其诗曰：

建旗海上独称尊，为妾投诚拜戟门。十里英魂如不昧，与君烟月伴黄昏。

这段传说是否属实，现在已经无从考证，但是胡宗宪的小人行径遭到后人唾弃，不少人都认为他没有好的下场。至于徐海和王翠翘，这对夫妻的故事引发了人们的无限同情，人们将故事写进小说和戏曲中。在康熙年间，还有人专门为他们二人的故事写了一部长达二十四回的长篇通俗白话小说《金云翘传》，流传甚广，远播至越南和日本。越南有一部著名的讲述王翠翘故事的古典长诗，风靡一时，对越南近代文学影响深远。

继徐海之后，汪直也被胡宗宪铲除了，两浙地区的百姓又恢复了安宁的生活。

义海侠盗：张保仔

清朝末年，朝廷腐败、恶霸横行，再加上海盗猖獗、鸦片泛滥，广大百姓生活在水深火热中。这时，在广东境内出现了一个大英雄，他劫富济贫，打击洋人偷运鸦片，他的名字叫做张保仔，《加勒比海盗 3——世界的尽头》中，周润发饰演的海盗就是以张保仔为原型的。

张保仔原名张保，靠打鱼为生，因为不满朝廷的勒索，与官兵发生冲突，结果不仅渔船被击毁，家人也走散了，此后，张保仔被一个渔民收养。15 岁时的一天，张保仔出海打鱼，被海盗郑一劫持，郑一见他机灵，就把他留在了身边。就这样，张保仔无意中成为了海盗，后来还做了海盗中的一个小头目。

有一次，郑一出海，不料遇上台风，溺死在水中。郑一死后，他的妻子石氏继承了他的位置，做了盗贼的首领。但是在当时，女人的地位很低，为了巩固自己的势力，石氏起用张保仔辅佐自己。

为了让张保仔建立威信和磨炼经验，石氏让张保仔独自率领一支船队。张保仔的纪律严明，对部下约法三章：私自登岸者，立斩；强奸妇女者，立斩；偷取公物者，立斩。同时，他还要求手下对百姓秋毫无犯，不能私自拿百姓的东西，向百姓买东西时要付双倍的价钱。这样严明的纪律，再加上卓越的领导才能，使张保仔的队伍迅速壮大，不久他娶了石氏为妻，郑一海盗集团的大权就全部握在了张保仔的手中。

清朝海盗

掌握大权后，张保仔的领导才能得到了充分的发挥。他遇事沉着应对，做事情既谨慎又勇猛，深得部下的拥戴，他还胸怀驱除满族统治的伟大抱负，称自己为“第二郑成功”，而他的作为与郑成功据守台湾坚持和清朝抗争的行为也颇为相似。

张保仔率领部下在香港岛开垦荒地、发展生产，还和海外华侨来往，使香港这座原本荒凉的小岛逐渐繁荣昌盛起来，居民达 20 多万，他的队伍也逐渐发展壮大。到清嘉庆中期时，张保仔已拥有大小战船近 2000 艘，手下的部众有数万人。他活动在香港大屿山一带，随后称霸于珠江三角洲，鼎盛时期的队伍人数竟有 10 万人之多。

张保仔严明的纪律一直保持得很好，他坚持不抢劫乡下百姓的船，只抢劫外国的商船，掠夺他们的军火。一次，张保仔歼灭了一艘葡萄牙船队，他发现船上全是掠夺来的中国客船的财物，张保仔极为气愤，此后他就经常率船队袭击那些侵犯中国领海的西班牙、英国、荷兰和葡萄牙等国的船舰，那些殖民者听到张保仔的名字都闻风丧胆。

到了1809年，张保仔的队伍更加壮大，仅帆船就有大约1800艘。他们抢夺商船，勒索绑架、索要赎金，收取“保护费”，经过此地的中外商船都畏惧他的势力，不得不乖乖上交“保护费”。张保仔收取“保护费”的标准各有不同，有时是按年征收，有时根据船上货物的价值一次性收取，少到几十两白银，多到数百两白银，有的甚至要缴纳数千两白银。他们还向珠江口沿海的诸镇收取“保护费”，甚至将朝廷设立的税收机关公然烧毁。

朝廷多次派兵打压张保仔，想要消灭他的队伍，可是张保仔的实力过于雄厚，清政府的水师根本无法与之匹敌，1807年7月，虎门镇总兵林国良的船队和张保仔的船队在澳门附近激战，双方展开了炮轰，结果是张保仔获胜，林国良战死。

把张保仔看作眼中钉的除了清政府，还有饱受海盗袭击的英国和葡萄牙商人，他们联合清政府共同打击广东海盗。1809年11月，广东水师和葡萄牙军舰组成的联合部队对张保仔展开攻击，双方激战数日，张保仔的船队在香港大屿山赤沥角海域被联合军队包围，最后，张保仔成功逃脱。

此次战役后，海盗集团内部产生了分歧。最后，在两广总督软硬兼施的策略攻势下，一直和张保仔不和的“黑旗帮”首领郭婆带接受招安，并和官兵一起打压昔日的同伙。张保仔连战不胜，海盗联盟随即分崩离析，在这种危急的形势下，张保仔夫妇不得不率队投降。对于投降，张保仔内部的意见也不统一，一部分人坚持不投降，他们骂张保仔的投降是叛节，这部分人在张保仔投降后仍留在广东。张保仔投降后，率兵攻打那些不投降的旧部和其他海盗。这些海盗无路可逃，纷纷逃往菲律宾、马来西亚等地，成为近代契约华工出现之前，流向海外最多的一批华人。

张保仔的后期生活也并不顺利，因为他名声恶劣，根本无法在广东本地为官，只得调往福建任参将。张保仔当过海盗，对鸦片贸易非常了解，1815 年，在一次对多名活跃于澳门的鸦片商的逮捕行动中，张保仔起到了非常积极的作用。后来，朝廷委派他担任重镇澎湖的防务，两年后，36 岁的张保仔在澎湖去世，死因不明。有说法是因为郁郁不得志而死，但是这种说法还不能确定。

张保仔死后，其妻子石氏回到了广州。晚年时，她状告一位官员侵吞了她丈夫张保仔买地的银子。这个案子正好落在林则徐手上，林则徐痛恨张保仔夫妇的恶劣行迹，以证据不足结案，并奏请朝廷撤去了石氏“命妇”的封号。此后，石氏以开设赌场为生，直到去世。

据考证，张保仔营寨的名字就是今天香港岛的西营盘，据说现在的文武庙也是张保仔修建的。至今，在珠江口一带还流传着许多与张保仔有关的传说，如珠海的藏宝洞、澳门的藏兵洞等。在澳门半岛沙梨头村的麻子街，有一间张保仔大屋，是张保仔夫妇投降后的住所，到抗战时被拆毁。